EERSTE EDITIE - Gepubliceerd in 2022

Extra grafisch materiaal van: www.freepik.com
Dank aan: Alekksall, Starline, Pch.vector, Rawpixel.com, Vectorpocket, Dgim-studio, Upklyak, Macrovector, Stockgiu, Pikisuperstar & Freepik.com Designers

Ontdek gratis online spelletjes

Hier verkrijgbaar:

BestActivityBooks.com/FREEGAMES

5 TIPS OM TE BEGINNEN!

1) HOE OP TE LOSSEN

De Puzzels zijn in een Klassiek Formaat:

- Woorden worden verborgen zonder pauzes (geen spaties, streepjes, ...)
- Oriëntatie: Voorwaarts & Achterwaarts, Boven & Beneden of in Diagonaal (kan in beide richtingen)
- Woorden kunnen elkaar overlappen of kruisen

2) ACTIEF LEREN

Naast elk woord is een spatie voorzien om de vertaling te noteren. Om actief te leren vindt u een **WOORDENBOEK** aan het einde van deze editie om uw kennis te controleren en uit te breiden. U kunt elke vertaling opzoeken en opschrijven, de woorden in de puzzel vinden en ze vervolgens aan uw woordenschat toevoegen!

3) TAG JE WOORDEN

Hebt u al geprobeerd een labelsysteem te gebruiken? U zou bijvoorbeeld de woorden die moeilijk te vinden waren kunnen markeren met een kruis, de woorden die u leuk vond met een ster, nieuwe woorden met een driehoek, zeldzame woorden met een ruit enzovoort...

4) ORGANISEER UW LEREN

Wij bieden ook een handig **NOTITIEBOEKJE** aan het eind van deze uitgave. Of u nu op vakantie, op reis of thuis bent, u kunt uw nieuwe kennis gemakkelijk ordenen zonder dat u een tweede notitieboek nodig hebt!

5) AFGESLOTEN?

Ga naar de bonussectie: **FINAAL UITDAGING** om een gratis spel te vinden dat aan het einde van deze editie wordt aangeboden!

Wil je meer leuke en leerzame activiteiten? Het is **Snel en Eenvoudig!** Een hele collectie spelboeken slechts **één klik verwijderd!**

Vind uw volgende uitdaging bij:

BestActivityBooks.com/MijnVolgendeBoek

Klaar... Start!

Wist u dat er zo'n 7000 verschillende talen in de wereld zijn? Woorden zijn kostbaar.

We houden van talen en hebben hard gewerkt om de boeken van de hoogste kwaliteit voor u te maken. Onze ingrediënten?

Een selectie van onmisbare leerthema's, drie grote plakken plezier, dan voegen we er een lepel moeilijke woorden en een snuifje zeldzame woorden aan toe. We serveren ze met zorg en een maximum aan verrukking, zodat je de beste woordspelletjes kunt oplossen en veel plezier beleeft aan het leren!

Uw feedback is essentieel. U kunt een actieve bijdrage leveren aan het succes van dit boek door een recensie achter te laten. Vertel ons wat u het meest beviel in deze editie!

Hier is een korte link die u naar uw bestelpagina brengt:

BestBooksActivity.com/Recensies50

Bedankt voor uw hulp en veel plezier met het spel!

Linguas Classics

1 - Metingen

```
M  M  A  R  G  K  M  A  G  A  S  S  Á  G
P  É  I  N  K  W  I  E  T  Y  R  Y  C  W
D  G  L  Z  Z  D  P  L  N  J  I  H  T  I
E  U  U  Y  S  Z  S  N  O  Y  J  Z  Y  U
V  G  V  L  S  T  I  V  L  G  M  L  G  R
H  B  C  Ú  O  É  I  Z  W  Ő  R  É  M  E
L  Ü  Y  S  H  W  G  E  M  Ö  T  A  Z  T
S  L  V  P  E  R  C  P  W  K  N  S  M  É
V  Z  O  E  L  I  T  E  R  T  I  Y  Z  M
T  D  F  Y  L  U  N  C  I  A  P  S  L  O
P  D  C  O  G  Y  T  O  N  N  A  M  K  L
S  G  T  A  Z  O  K  O  F  R  W  G  Z  I
T  C  E  N  T  I  M  É  T  E  R  J  W  K
T  I  Z  E  D  E  S  W  B  Á  J  T  S  J
```

BÁJT	KILOMÉTER
CENTIMÉTER	HOSSZ
TIZEDES	LITER
MÉLYSÉG	TÖMEG
SÚLY	MÉRŐ
FOKOZAT	PERC
GRAMM	UNCIA
MAGASSÁG	PINT
HÜVELYK	TONNA
KILOGRAMM	

2 - Keuken

```
S  T  Á  L  L  T  P  E  C  E  R  H  O  M
V  Z  P  J  Z  W  V  T  S  N  É  Ű  J  E
P  Í  I  N  N  E  I  W  É  F  L  T  Ő  R
W  M  Z  V  X  B  L  G  S  Ű  E  Ő  T  Ő
V  S  N  F  A  P  L  Ó  Z  S  L  S  Ü  K
K  M  L  X  O  C  A  S  É  Z  M  Z  S  A
K  O  R  M  S  R  S  C  K  E  I  E  Z  N
K  T  R  P  L  Y  R  N  X  R  S  K  A  Á
B  G  Y  S  C  U  D  A  P  E  Z  R  L  L
H  X  C  S  Ó  P  P  K  L  K  E  É  V  S
K  A  N  A  L  A  K  M  T  Ó  R  N  É  D
K  É  S  E  K  K  Ö  T  É  N  Y  Y  T  E
B  Y  L  J  G  R  I  L  L  W  B  S  A  Y
N  O  F  N  G  M  É  L  Y  H  Ű  T  Ő  J
```

CSÉSZÉK	MERŐKANÁL
ENNI	KORSÓ
GRILL	RECEPT
VÍZFORRALÓ	KÖTÉNY
HŰTŐSZEKRÉNY	SZALVÉTA
TÁL	FŰSZEREK
KANCSÓ	SZIVACS
KANALAK	ÉLELMISZER
KÉSEK	VILLA
SÜTŐ	MÉLYHŰTŐ

3 - Boten

```
M  S  Ó  V  I  T  O  R  L  Á  S  V  A  T
E  N  C  J  D  Y  I  I  D  P  L  U  C  E
N  M  E  T  H  U  L  L  Á  M  O  K  I  N
T  G  Á  U  Á  R  B  O  C  O  P  K  M  G
Ő  M  N  T  H  C  A  J  W  K  R  O  O  E
C  H  P  A  V  H  T  A  W  G  W  D  T  R
S  R  O  J  V  J  W  Ó  U  R  P  E  O  G
Ó  R  A  R  W  F  H  M  K  B  N  J  R  I
N  T  Y  O  G  X  X  E  E  K  Ó  D  Y  D
A  N  R  W  N  O  P  B  N  D  M  J  O  D
K  A  J  A  K  O  N  R  U  N  G  V  A  F
F  P  V  B  G  É  S  Y  N  É  G  E  L  E
X  U  V  T  E  N  G  E  R  I  W  E  Y  Z
N  H  B  K  F  O  L  Y  Ó  K  Ö  T  É  L
```

HORGONY	MOTOR
LEGÉNYSÉG	TENGERI
BÓJA	ÓCEÁN
DOKK	MENTŐCSÓNAK
HULLÁMOK	FOLYÓ
JACHT	KÖTÉL
KAJAK	KOMP
KENU	TUTAJ
ÁRBOC	TENGER
TÓ	VITORLÁS

4 - Chocolade

```
F  D  B  H  N  W  K  R  T  M  S  K  N  U
É  D  E  S  C  S  Á  G  R  Á  V  Ó  S  E
R  E  C  E  P  T  X  P  E  W  G  K  Y  G
A  N  T  I  O  X  I  D  Á  N  S  U  Z  Z
R  R  G  C  H  I  K  F  O  E  B  S  I  O
C  F  I  N  O  M  C  A  Ű  N  P  Z  Í  T
L  L  B  E  I  K  U  R  Ó  O  D  A  I
A  O  E  V  U  D  K  R  E  A  R  I  P  K
R  R  F  D  W  Z  O  O  S  K  M  Ó  C  U
O  C  F  E  P  E  R  K  E  A  E  E  F  S
M  X  P  K  G  A  T  U  K  K  O  N  L  V
A  I  R  Ó  L  A  K  C  I  P  N  U  N  L
Ö  S  S  Z  E  T  E  V  Ő  L  T  Y  X  I
K  X  M  I  N  Ő  S  É  G  X  A  Z  K  H
```

ANTIOXIDÁNS
AROMA
KESERŰ
KAKAÓ
KALÓRIA
ENNI
EGZOTIKUS
KEDVENC
FINOM
ÖSSZETEVŐ

KARAMELL
KÓKUSZDIÓ
MINŐSÉG
POR
RECEPT
ÍZ
CUKORKA
CUKOR
SÓVÁRGÁS
ÉDES

5 - Gezondheid en Welzijn #2

```
H  X  M  I  F  J  C  H  H  G  P  P  T  M
I  M  Z  S  S  E  R  T  S  T  A  T  L  A
G  R  N  A  I  G  R  E  L  L  A  A  P  S
I  I  E  A  A  K  I  T  E  N  E  G  P  S
É  K  A  L  Ó  R  I  A  Ő  G  M  U  X  Z
N  I  M  A  T  I  V  T  T  Z  A  U  E  Á
I  F  P  G  T  N  Y  B  V  E  É  W  M  Z
A  I  M  Ó  T  A  N  A  C  W  S  S  É  S
T  Á  P  L  Á  L  K  O  Z  Á  S  T  S  K
V  É  R  E  N  E  R  G  I  A  N  D  Z  Ó
E  G  É  S  Z  S  É  G  E  S  K  I  T  R
S  V  S  Ú  L  Y  K  X  L  M  Y  É  É  H
F  E  L  É  P  Ü  L  É  S  J  B  T  S  Á
B  E  T  E  G  S  É  G  R  K  F  A  F  Z
```

ALLERGIA	HIGIÉNIA
ANATÓMIA	FERTŐZÉS
VÉR	TEST
KALÓRIA	MASSZÁZS
DIÉTA	EMÉSZTÉS
ENERGIA	STRESSZ
GENETIKA	VITAMIN
SÚLY	TÁPLÁLKOZÁS
EGÉSZSÉGES	KÓRHÁZ
FELÉPÜLÉS	BETEGSÉG

6 - Tijd

```
R  H  É  Z  F  J  X  L  P  F  T  U  E  G
G  O  H  V  É  J  S  Z  A  K  A  W  D  G
D  E  É  R  T  A  W  A  N  I  W  A  I  K
N  X  T  M  T  I  G  J  Ó  T  O  H  T  W
H  O  L  N  A  P  Z  K  H  M  O  S  T  R
P  L  M  C  P  A  N  E  Z  G  J  A  T  S
V  K  H  S  E  V  É  J  D  A  K  K  U  N
Z  A  I  A  R  O  K  L  M  A  L  E  S  Z
E  W  C  O  C  S  N  K  G  L  É  B  Z  U
W  V  G  K  B  I  A  N  J  E  D  V  Á  L
J  Ó  R  A  N  J  P  A  N  G  E  T  Z  S
F  Ö  L  W  A  C  T  A  V  G  D  H  A  X
O  H  V  D  Z  Z  Á  O  W  E  S  F  D  W
G  S  L  Ő  H  Y  R  W  G  R  U  T  Á  N
```

NAP	HOLNAP
ÉVTIZED	UTÁN
SZÁZAD	ÉJSZAKA
TEGNAP	MOST
ÉV	REGGEL
ÉVES	JÖVŐ
NAPTÁR	ÓRA
HÓNAP	MA
DÉL	KORAI
PERC	HÉT

7 - Meditatie

```
A  S  Z  O  G  L  J  C  T  M  P  V  M  Z
L  É  G  Z  É  S  B  S  E  E  E  I  E  E
Á  Z  M  É  T  Á  O  E  R  N  R  L  G  N
H  R  O  B  N  D  L  N  M  T  S  Á  F  E
Z  É  Z  R  E  A  D  D  É  Á  P  G  I  K
Z  T  G  E  T  G  O  B  S  L  E  O  G  E
I  T  Á  N  W  O  G  C  Z  I  K  S  Y  D
A  Ü  S  G  O  F  S  D  E  S  T  S  E  V
V  Y  R  C  H  L  Á  W  T  Z  Í  Á  L  E
W  G  T  H  U  E  G  F  P  V  V  G  É  S
B  E  É  R  Z  E  L  M  E  K  A  K  S  S
L  É  I  T  E  S  T  T  A  R  T  Á  S  É
E  H  K  O  T  A  L  O  D  N  O  G  E  G
D  L  M  E  L  E  Y  G  I  F  F  M  N  W
```

FIGYELEM   EGYÜTTÉRZÉS
ELFOGADÁS   MENTÁLIS
LÉGZÉS   ZENE
MOZGÁS   TERMÉSZET
HÁLA   MEGFIGYELÉS
ÉRZELMEK   PERSPEKTÍVA
GONDOLATOK   CSEND
BOLDOGSÁG   BÉKE
VILÁGOSSÁG   KEDVESSÉG
TESTTARTÁS   ÉBREN

8 - Muziek

```
L O Z Ö K Z S E N O E A H K
Í C O E H A R M Ó N I A H L
R A R I N N S X Z D S G O A
A U I T O E T G Ö J U F Z S
I B T E F P I É N E K E S S
A A M M O K Ő O Ö E I A É Z
A Y U P R V T N T K M L N I
K B S Ó K S L U G R T B E K
U Ó A S I I Ö E Ö E I U Z U
F V R L M O K J R D R M E S
P I Z U L E T É V L E F E C
J D F P S A M C O P E R A T
R F L V G G D T V J U B F L
É N E K E L M A L L A D H S
```

ALBUM	ZENEI
BALLADA	ZENÉSZ
HARMÓNIA	OPERA
RÖGTÖNÖZ	FELVÉTEL
ESZKÖZ	KÖLTŐI
KLASSZIKUS	RITMUS
KÓRUS	RITMIKUS
LÍRAI	TEMPÓ
DALLAM	ÉNEKES
MIKROFON	ÉNEKEL

9 - Vogels

```
G  S  Á  J  O  T  T  V  S  P  K  T  D  G
A  A  I  S  V  W  N  Á  K  I  L  E  P  Ó
A  V  L  R  T  S  W  J  D  N  H  G  B  L
Ú  Á  Z  A  Á  R  Y  L  O  G  A  B  S  Y
Y  P  V  L  M  L  U  D  T  V  P  R  V  A
T  U  K  Á  N  B  Y  C  V  I  L  I  B  A
T  V  Z  I  A  I  E  J  C  N  D  J  O  S
A  Ú  J  R  A  V  Z  T  I  E  E  G  S  C
H  V  Á  T  K  W  J  L  G  K  J  C  X  A
Z  P  G  N  S  E  F  B  É  R  E  V  L  K
F  L  A  M  I  N  G  Ó  M  I  X  L  I  C
C  T  P  K  A  K  U  K  K  S  F  X  W  W
U  Z  A  S  A  B  T  P  Z  C  U  P  G  K
I  R  P  B  B  Z  U  L  A  Z  H  F  U  V
```

GALAMB	GÓLYA
KACSA	PAPAGÁJ
TOJÁS	PÁVA
FLAMINGÓ	PELIKÁN
LIBA	PINGVIN
CSIRKE	GÉM
KAKUKK	STRUCC
VARJÚ	TUKÁN
SIRÁLY	BAGOLY
VERÉB	HATTYÚ

10 - Universum

```
O E G Y E N L Í T Ő U X M C
T K A S Z T E R O I D A W S
C E T K O Z M I K U S V J Z
H T N A É W L W Z J I D P É
S L O Y Z G H N T W I C L L
Ö É Z L S S T Á V C S Ő Á E
T F I Á Á N Á Y D R O T T S
É L R P G U B G V N U Y H S
T É O S A Á L L A T Ö V A É
S G H O L K S D A L D V T G
É K E X L X R K S C L U Ó N
G Ö G L I X J U A D O I I A
B R G Á S Ú Z S S O H Y S P
V P J J C G A L A X I S N C
```

ASZTEROIDA	ÉG
CSILLAGÁSZAT	HORIZONT
CSILLAGÁSZ	KOZMIKUS
LÉGKÖR	HOSSZÚSÁG
PÁLYA	HOLD
SZÉLESSÉG	GALAXIS
ÁLLATÖV	TÁVCSŐ
SÖTÉTSÉG	LÁTHATÓ
EGYENLÍTŐ	NAP
FÉLTEKE	

11 - Wiskunde

```
Á  Y  D  T  G  N  S  N  K  O  F  I  P  A
V  T  P  T  Ö  B  Z  Y  I  W  L  B  Y  I
X  J  M  Y  M  K  Ö  D  T  W  M  T  D  R
N  W  I  É  B  A  G  S  E  D  E  Z  I  T
O  P  V  O  R  L  E  W  V  V  H  T  P  E
G  M  D  R  E  Ő  K  F  Ő  T  Á  É  Á  M
I  E  E  K  E  R  Ü  L  E  T  R  G  R  M
L  X  O  R  Ö  S  S  Z  E  G  O  L  H  I
O  Y  T  M  Ő  M  L  L  O  S  M  A  U  Z
P  T  B  H  E  L  D  Y  B  U  S  L  Z  S
L  J  F  Y  R  T  E  W  I  G  Z  A  A  N
W  U  O  G  G  K  R  G  S  Á  Ö  P  M  F
S  Z  Á  M  T  A  N  I  E  R  G  F  O  M
T  Ö  R  E  D  É  K  K  A  S  V  L  S  S
```

GÖMB
TIZEDES
ÁTMÉRŐ
HÁROMSZÖG
KITEVŐ
TÖREDÉK
GEOMETRIA
FOK
SZÖGEK

MERŐLEGES
KERÜLET
PÁRHUZAMOS
TÉGLALAP
SZÁMTAN
ÖSSZEG
SUGÁR
SZIMMETRIA
POLIGON

12 - Gezondheid en Welzijn #1

```
L B E K R Y C E X H K I O O
J O V T R K E G E D I G H R
K I K A P C S O L Ó D Á S V
O M H J K X H N F C J S É O
M A H S É L E Z E K Y S L S
U G I O S J I G R V G O Ü K
I A Z A R B L N R Í P V R K
R S M B F M Ő L I T G R É T
É S O C F A O R D K I O S Ö
T Á K T V H W N F A A U Á R
K G É S H É B B O W Z T K É
A V Í R U S L R I K Y X O S
B U T E R Á P I A O G W Z U
G Y Ó G Y S Z E R T Á R S E
```

AKTÍV	BŐR
GYÓGYSZERTÁR	KLINIKA
BAKTÉRIUMOK	SÉRÜLÉS
KEZELÉS	ORVOSSÁG
TÖRÉS	KIKAPCSOLÓDÁS
ORVOS	REFLEX
SZOKÁS	IZMOK
ÉHSÉG	TERÁPIA
MAGASSÁG	VÍRUS
HORMONOK	IDEGEK

13 - Camping

```
I  Z  S  Z  F  L  Z  S  Z  P  A  L  X  K
H  R  K  B  O  Ü  X  L  F  I  S  É  M  G
O  O  Á  B  V  Y  G  Á  L  L  A  T  O  K
L  T  F  N  P  Z  C  G  T  L  W  Ö  K  G
D  Á  K  T  Y  G  E  H  Ő  Ó  B  K  A  T
K  S  A  J  F  T  O  O  F  Á  N  V  B  É
E  X  L  V  B  P  Ű  C  I  V  G  E  I  R
N  O  A  L  Á  M  P  A  T  F  I  Y  N  K
U  E  N  V  T  E  R  M  É  S  Z  E  T  É
M  R  D  V  A  D  Á  S  Z  A  T  I  L  P
U  D  T  Ű  Z  R  T  N  K  X  C  C  E  A
A  Ő  K  I  X  W  Y  D  J  M  M  Y  R  L
R  Z  B  G  A  F  L  V  F  X  R  S  N  A
R  O  V  A  R  B  S  F  T  W  W  A  S  K
```

KALAND	VADÁSZAT
HEGY	TÉRKÉP
FÁK	KENU
ERDŐ	IRÁNYTŰ
TŰZ	LÁMPA
KABIN	HOLD
ÁLLATOK	TÓ
FÜGGŐÁGY	TERMÉSZET
KALAP	SÁTOR
ROVAR	KÖTÉL

14 - Algebra

```
N  V  O  Z  E  D  T  M  N  T  O  R  P  L
G  U  N  F  G  K  É  D  E  R  Ö  T  W  K
A  R  L  B  N  D  N  B  K  H  Z  V  G  É
V  M  A  L  I  L  Y  X  A  Y  V  Á  D  P
P  L  I  F  A  S  E  L  Z  I  H  L  D  L
C  G  F  F  I  J  Z  J  B  X  I  T  V  E
O  É  T  F  T  K  Ő  G  Ó  I  O  O  M  T
X  S  I  M  A  H  O  V  T  R  D  Z  E  D
K  I  V  O  N  Á  S  N  J  T  Á  Ó  G  I
W  Y  Ö  S  S  Z  E  G  O  Á  E  Z  O  A
S  N  E  L  E  T  G  É  V  M  S  G  L  G
F  N  L  I  N  E  Á  R  I  S  B  Y  D  R
F  E  P  R  O  B  L  É  M  A  J  F  Á  A
G  M  O  K  E  K  I  T  E  V  Ő  C  S  M
```

KIVONÁS	LINEÁRIS
DIAGRAM	MÁTRIX
KITEVŐ	NULLA
TÉNYEZŐ	VÉGTELEN
KÉPLET	MEGOLDÁS
TÖREDÉK	PROBLÉMA
GRAFIKON	ÖSSZEG
ZÁRÓJEL	HAMIS
MENNYISÉG	VÁLTOZÓ

15 - Activiteiten

```
F  V  K  K  E  M  P  I  N  G  T  L  K  R
É  Y  N  É  M  T  S  E  F  H  E  Y  E  E
N  Y  O  E  S  A  V  F  C  A  V  C  R  J
Y  W  X  B  F  Z  X  L  R  L  É  K  T  T
K  E  E  A  L  S  S  V  Y  Á  K  É  É  V
É  G  I  K  X  Á  E  É  I  S  E  Z  S  É
P  W  R  U  M  D  B  Y  G  Z  N  M  Z  N
E  M  S  Á  S  A  V  L  O  A  Y  Ű  K  Y
Z  C  N  Á  T  V  E  G  J  T  S  V  E  E
É  K  V  Ö  R  Ö  M  Z  A  L  É  E  D  K
S  A  I  M  Á  R  E  K  D  G  G  S  É  Z
M  B  C  F  T  H  A  I  G  Á  M  S  S  Y
C  W  T  E  Z  S  É  V  Ű  M  I  É  U  B
S  Z  A  B  A  D  I  D  Ő  C  V  G  T  R
```

TEVÉKENYSÉG	OLVASÁS
KÉZMŰVESSÉG	MÁGIA
TÁNC	VARRÁS
FÉNYKÉPEZÉS	ÖRÖM
HALÁSZAT	REJTVÉNYEK
VADÁSZAT	FESTMÉNY
KEMPING	KERTÉSZKEDÉS
KERÁMIA	KÉSZSÉG
MŰVÉSZET	SZABADIDŐ

16 - Diplomatie

```
N  I  I  E  T  I  K  A  S  N  M  F  H  K
A  A  G  N  K  X  O  S  T  Y  E  E  T  O
G  I  Á  A  T  I  V  D  U  E  G  L  K  N
Y  C  S  W  Z  E  N  C  N  L  O  B  Ö  F
K  Á  N  Z  V  S  G  R  X  V  L  O  Z  L
Ö  M  O  N  X  X  Á  R  A  E  D  N  Ö  I
V  O  T  X  P  A  T  G  I  K  Á  T  S  K
E  L  Z  V  U  O  H  X  O  T  S  Á  S  T
T  P  I  O  M  Z  L  K  C  S  Á  S  É  U
T  I  B  V  R  B  W  I  O  X  S  S  G  S
J  D  Z  J  B  J  M  K  T  R  Y  Á  B  W
T  A  N  Á  C  S  A  D  Ó  I  K  U  G  V
O  L  H  U  Y  N  Á  M  R  O  K  H  P  P
P  O  L  G  Á  R  O  K  E  E  Z  A  I  T
```

TANÁCSADÓ	IGAZSÁGOSSÁG
NAGYKÖVET	INTEGRITÁS
POLGÁROK	MEGOLDÁS
KONFLIKTUS	POLITIKA
DIPLOMÁCIAI	KORMÁNY
VITA	FELBONTÁS
ETIKA	NYELVEK
KÖZÖSSÉG	BIZTONSÁG

17 - Astronomie

```
Y  C  Z  C  Ű  J  T  L  M  I  P  D  V  U
S  T  B  V  S  R  O  E  T  E  M  R  V  N
H  O  L  D  E  I  H  M  Y  M  V  R  A  I
P  T  Z  R  I  B  L  A  W  E  L  A  B  V
C  S  I  L  L  A  G  L  J  T  A  K  O  E
R  K  N  C  T  B  Z  S  A  Ó  P  É  L  R
Á  S  Ö  K  Ö  T  S  Ü  B  G  S  T  Y  Z
L  G  Á  S  I  I  Y  C  L  E  K  A  G  U
L  R  Y  Z  M  Ű  H  O  L  D  F  É  Ó  M
A  D  I  O  R  E  T  Z  S  A  V  V  P  K
T  L  L  Z  S  Á  G  A  L  L  I  S  C  R
Ö  Ö  N  U  C  P  G  K  O  Z  M  O  S  Z
V  F  J  R  É  G  S  U  T  Á  V  C  S  Ő
Z  K  Ö  D  F  O  L  T  S  M  W  G  A  E
```

FÖLD	KÖDFOLT
ASZTEROIDA	BOLYGÓ
ŰRHAJÓS	RAKÉTA
CSILLAGÁSZ	MŰHOLD
ÁLLATÖV	CSILLAG
ÉG	CSILLAGKÉP
ÜSTÖKÖS	SUGÁRZÁS
KOZMOSZ	TÁVCSŐ
HOLD	UNIVERZUM
METEOR	

18 - Vakantie #2

```
X  H  J  S  H  T  A  X  I  P  P  X  P  F
P  T  E  N  G  E  R  U  T  A  Z  Á  S  U
É  T  T  E  R  E  M  H  J  U  K  A  S  H
K  X  K  M  A  F  U  E  F  F  U  Z  Z  C
R  A  P  C  C  W  Z  G  I  P  N  F  Á  V
É  O  Z  S  Y  R  Í  Y  G  K  N  Ő  L  K
T  Y  V  C  R  F  V  E  V  V  W  D  L  E
S  Á  T  O  R  R  V  K  C  O  D  I  O  M
F  O  G  L  A  L  Á  S  O  K  N  D  D  P
Ú  T  L  E  V  É  L  M  V  D  A  A  A  I
K  Ü  L  F  Ö  L  D  I  D  O  R  B  T  N
N  Y  A  R  A  L  Á  S  T  F  T  A  T  G
R  E  P  Ü  L  Ő  T  É  R  P  S  Z  B  F
S  Z  I  G  E  T  A  M  J  S  P  S  U  P
```

HEGYEK	ÉTTEREM
KÜLFÖLDI	STRAND
SZIGET	TAXI
SZÁLLODA	SÁTOR
TÉRKÉP	VONAT
KEMPING	NYARALÁS
REPÜLŐTÉR	VÍZUM
ÚTLEVÉL	SZABADIDŐ
UTAZÁS	TENGER
FOGLALÁSOK	

19 - Weersomstandigheden

```
N M S Y U X P Y H T I S L M
U C M V A N O U U O X Z É E
Z U K L J B L K R R H I G N
S A V E K W Á I R N T V K N
N I S U P Ó R T I Á E Á Ö Y
O E E D U K I M K D L R R D
M V D P O A S K Á Ó K V K Ö
L Z Í V R Á V Y N F É Á Ö R
I F I U E J I L É Z S N D G
V I H A R S L Á G G R Y D É
C F D T Z O L Z H L É F B S
F E L H Ő N Á S N O M J W B
M D I X N V M A Z Y Ő P T W
F I G N C T A L J A H G É P
```

LÉGKÖR	ÁRVÍZ
VILLÁM	POLÁRIS
MENNYDÖRGÉS	SZIVÁRVÁNY
ASZÁLY	VIHAR
ÉG	HŐMÉRSÉKLET
JÉG	TORNÁDÓ
ÉGHAJLAT	TRÓPUSI
KÖD	NEDVES
MONSZUN	SZÉL
HURRIKÁN	FELHŐ

20 - Strand

```
I  P  F  G  N  C  K  V  Ó  L  Y  G  A  K
N  S  N  D  P  J  B  I  W  C  B  Z  J  Á
Z  Y  C  I  A  W  S  T  F  T  E  R  T  R
S  X  A  E  R  I  I  O  K  Ö  I  Á  B  N
Ú  M  H  R  T  U  Y  R  X  R  P  C  N  H
E  D  T  N  A  C  V  L  C  Ü  Ő  D  I  O
O  T  E  B  K  L  C  Á  T  L  Y  A  L  M
L  A  G  Ú  N  A  Á  S  E  K  N  A  P  O
O  C  I  E  P  U  H  S  N  Ö  R  S  D  K
K  W  Z  F  P  H  A  M  G  Z  E  Y  V  K
C  H  S  G  T  M  J  N  E  Ő  S  V  S  O
Z  Á  T  O  N  Y  Ó  P  R  R  E  N  H  D
L  P  M  S  S  L  J  F  G  N  Z  R  M  G
S  Z  A  N  D  Á  L  H  N  K  É  K  O  J
```

KÉK	ZÁTONY
HAJÓ	SZANDÁL
DOKK	KAGYLÓ
SZIGET	NYARALÁS
TÖRÜLKÖZŐ	HOMOK
RÁK	TENGER
PART	VITORLÁS
LAGÚNA	NAP
ÓCEÁN	ÚSZNI
ESERNYŐ	

21 - Eten #2

```
P  F  X  X  Y  U  I  M  Z  T  P  P  P  C
T  A  G  R  Á  P  S  A  N  Á  N  A  B  S
O  K  R  K  Y  L  Z  N  D  C  X  D  A  I
J  N  É  A  T  L  I  D  P  U  N  L  N  R
Á  O  Y  Ő  D  C  R  U  C  M  N  I  A  K
S  S  N  D  S  I  Ő  L  Ő  Z  S  Z  N  E
G  G  E  N  Y  Z  C  A  B  V  G  S  Á  S
Y  Y  K  I  T  E  I  S  A  Y  I  Á  S  P
S  A  J  T  C  Y  V  B  O  I  Y  N  Z  H
A  L  M  A  S  V  I  D  A  M  B  Ú  Z  A
B  Z  O  I  L  O  K  K  O  R  B  W  G  M
J  O  G  H  U  R  T  H  E  K  A  K  Y  B
K  C  H  A  L  E  U  I  C  M  A  C  T  C
U  J  D  N  W  V  O  Z  L  T  V  R  K  W
```

MANDULA	SONKA
ANANÁSZ	SAJT
ALMA	CSIRKE
SPÁRGA	KIVI
PADLIZSÁN	ŐSZIBARACK
BANÁN	RIZS
BROKKOLI	BÚZA
KENYÉR	PARADICSOM
SZŐLŐ	HAL
TOJÁS	JOGHURT

22 - Klimmen

```
L  P  P  T  S  A  S  S  K  T  K  K  E  W
C  É  P  W  D  V  É  I  I  Ú  Í  É  K  R
D  K  G  T  D  M  R  R  H  R  V  P  P  Z
I  R  N  K  Y  D  Ü  X  Í  Á  Á  Z  P  V
Y  É  A  Ú  Ö  W  L  P  V  Z  N  É  F  J
O  T  L  W  T  R  É  E  Á  Á  C  S  I  B
Ő  E  R  F  K  M  S  R  S  S  S  S  T  K
T  R  A  S  I  G  U  E  O  M  I  V  P  E
R  Ő  B  U  L  Z  W  T  K  A  S  I  S  S
É  D  S  V  B  P  I  P  A  V  Á  J  F  Z
K  E  S  K  E  N  Y  K  C  T  G  E  J  T
A  M  Z  I  S  C  M  L  A  F  Ó  P  I  Y
Z  M  A  G  A  S  S  Á  G  I  K  K  V  Ű
S  S  T  A  B  I  L  I  T  Á  S  P  I  J
```

LÉGKÖR	CSIZMA
SZAKÉRTŐ	SÉRÜLÉS
FIZIKAI	KÍVÁNCSISÁG
ÚTMUTATÓK	KÉPZÉS
BARLANG	KESKENY
KESZTYŰ	STABILITÁS
SISAK	TEREP
MAGASSÁG	KIHÍVÁSOK
TÉRKÉP	TÚRÁZÁS
ERŐ	

23 - Restaurant #1

```
A  T  Á  L  Ö  S  T  F  M  T  B  X  S  D
L  A  É  F  S  Z  R  M  P  Á  N  V  Z  Y
L  K  L  F  S  A  E  V  I  N  B  D  Ó  J
E  O  E  C  Z  L  Z  X  N  Y  X  S  S  B
R  N  L  C  E  V  S  D  C  É  N  X  Z  R
G  Y  M  K  T  É  S  E  É  R  E  N  N  I
I  H  I  U  E  T  E  K  R  É  Y  N  E  K
A  A  S  F  V  A  D  R  N  E  M  E  N  Ü
U  K  Z  D  Ő  F  Z  I  Ő  U  Z  M  U  H
H  H  E  L  K  X  Y  S  Ú  H  O  S  O  U
I  P  R  X  R  C  C  C  C  K  W  J  Ű  S
P  É  N  Z  T  Á  R  O  S  É  Z  H  W  F
M  P  W  K  Á  V  É  R  G  S  W  I  W  C
U  F  O  G  L  A  L  Á  S  R  D  X  G  G
```

ALLERGIA	MENÜ
TÁNYÉR	KÉS
KENYÉR	FŰSZERES
ENNI	FOGLALÁS
ÖSSZETEVŐK	SZÓSZ
PÉNZTÁROS	PINCÉRNŐ
KONYHA	SZALVÉTA
CSIRKE	DESSZERT
KÁVÉ	HÚS
TÁL	ÉLELMISZER

24 - Geologie

```
F X G N Ő K K S G F M N E R
E F E R K V A S I O E D T Z
N Ö J V P A L J M S L Y F B
N L Z R P R C S R S L Á X T
S D Í F E C I O Ó Z A K V D
Í R R S S S U Z E I R R E A
K E B F C N M M D L O I R V
A N Ó Z T E Á B D I K S Ó L
H G D M H N Z K O S M T Z O
K É F W A I K Y L R X Á I I
F S H R T T R Y P U Z L Ó E
B A R L A N G L T L V Y C E
R É T E G O G O Y D R O X T
C M V K G K E U S K M K C U
```

FÖLDRENGÉS	KVARC
KALCIUM	RÉTEG
KONTINENS	LÁVA
ERÓZIÓ	FENNSÍK
FOSSZILIS	CSEPPKŐ
GEJZÍR	KŐ
OLVADT	VULKÁN
BARLANG	ZÓNA
KORALL	SÓ
KRISTÁLYOK	SAV

25 - Specerijen

```
F  A  H  É  J  H  V  A  N  Í  L  I  A  G
J  Z  A  M  Y  G  A  H  K  O  F  O  A  Ö
C  G  E  Z  S  Ű  F  G  E  Z  S  R  E  R
M  D  E  Z  X  O  O  R  Y  R  R  U  C  Ö
W  H  L  Ű  N  V  Y  N  É  M  Ö  K  E  G
P  A  P  R  I  K  A  U  N  C  A  W  J  S
H  J  J  E  É  K  A  R  D  A  M  O  M  Z
C  S  X  S  W  B  Á  C  V  B  K  T  X  É
Í  Ó  E  E  F  V  M  N  N  W  K  O  W  N
Z  D  I  K  P  P  E  Ö  I  Z  D  R  E  A
S  Á  F  R  Á  N  Y  D  Y  Z  M  K  A  U
K  O  R  I  A  N  D  E  R  G  S  E  D  É
S  Z  E  R  E  C  S  E  N  D  I  Ó  B  M
É  D  E  S  K  Ö  M  É  N  Y  H  N  K  C
```

ÁNIZS	SZEGFŰSZEG
KESERŰ	SZERECSENDIÓ
GÖRÖGSZÉNA	PAPRIKA
GYÖMBÉR	SÁFRÁNY
FAHÉJ	ÍZ
KARDAMOM	HAGYMA
CURRY	VANÍLIA
FOKHAGYMA	ÉDESKÖMÉNY
KÖMÉNY	ÉDES
KORIANDER	SÓ

26 - Groenten

```
G  P  U  F  A  M  D  R  E  L  L  E  Z  J
Y  A  R  O  R  O  L  E  X  N  Ó  K  W  Z
Ö  D  M  K  T  G  J  T  P  Y  S  T  C  L
M  L  P  H  I  Y  F  E  Y  W  R  E  L  M
B  I  L  A  C  O  B  K  T  G  O  M  B  A
É  Z  O  G  S  R  H  R  T  Ö  B  U  N  K
R  S  L  Y  Ó  Ó  T  A  O  M  K  I  A  R
C  Á  A  M  K  H  Ó  E  G  K  G  H  I  O
U  N  J  A  A  A  N  W  C  Y  K  N  T  B
G  B  B  M  P  G  E  G  P  Z  M  O  V  U
S  N  O  W  N  Y  P  O  B  F  V  A  L  P
B  L  G  E  W  M  S  A  L  Á  T  A  B  I
Z  T  Y  D  H  A  P  É  R  R  É  H  E  F
E  H  Ó  C  P  A  R  A  D  I  C  S  O  M
```

ARTICSÓKA	TÖK
PADLIZSÁN	FEHÉRRÉPA
BROKKOLI	RETEK
BORSÓ	SALÁTA
GYÖMBÉR	ZELLER
FOKHAGYMA	MOGYORÓHAGYMA
UBORKA	SPENÓT
OLAJBOGYÓ	PARADICSOM
GOMBA	HAGYMA

27 - Archeologie

```
L  S  T  W  A  A  C  E  L  É  T  P  R  B
D  E  Í  K  N  P  S  L  V  R  Ö  R  E  K
L  K  S  R  B  A  A  E  Ő  T  R  O  I  V
B  P  E  Z  G  U  P  M  T  É  E  F  S  O
L  O  F  V  Á  T  A  Z  R  K  D  E  M  C
J  N  A  D  F  R  T  É  É  E  É  S  E  S
Ó  K  O  R  P  X  M  S  K  L  K  S  R  O
Y  B  T  N  K  J  M  A  A  É  E  Z  E  N
Y  D  J  K  A  O  O  T  Z  S  K  O  T  T
F  O  S  S  Z  I  L  I  S  O  N  R  L  O
W  P  H  B  S  T  P  B  X  L  T  C  E  K
D  T  J  X  R  L  M  K  R  N  C  T  N  S
G  G  N  C  O  L  E  Y  L  K  E  R  E  E
H  J  F  Z  K  Ó  T  A  T  U  K  N  C  U
```

ELEMZÉS	ISMERETLEN
CSONTOK	KUTATÓ
SZAKÉRTŐ	ÓKOR
ÉRTÉKELÉS	PROFESSZOR
FOSSZILIS	EREKLYE
TÖREDÉKEK	CSAPAT
SÍR	TEMPLOM
LESZÁRMAZOTT	KORSZAK

28 - Dans

```
V P M T K U L T U R Á L I S
E P Á E A K A D É M I A R P
B L D S L V I Z U Á L I S S
M H I T M E L E Y G E K H S
F J V T I G Z M I A C N E U
P T L A I F Á R G O E R O K
A B Y R V Y E H É Z R Z Y I
A R Ú T L U K T E M E P I Z
X F B Á M U A E L P N N H S
G U T S P O F S M R T F E S
R I T M U S Z T G Ó R R A A
E W T J X C H G C B A T S L
M Ű V É S Z E T Á A P T E K
K I F E J E Z Ő L S L V X X
```

AKADÉMIA   TESTTARTÁS
MOZGÁS   KLASSZIKUS
VIDÁM   MŰVÉSZET
KOREOGRÁFIA   TEST
KULTURÁLIS   ZENE
KULTÚRA   PARTNER
ÉRZELEM   PRÓBA
KIFEJEZŐ   RITMUS
KEGYELEM   VIZUÁLIS

29 - Mythologie

```
A K L H J V U R H M S H B Z
D A A A M S U K I G Á M F F
V T B L S É D E K L E S I V
I A I A W G M H A R C O S J
L S R N E R Ő E Y X W D V K
L Z I D I Ö A D N E G E L U
Á T N Ó C D G G R N R B T L
M R T K V Y O A Ö B Y O W T
F Ó U J H N J U Z W F S T Ú
W F S Ő H N V K S B K S T R
P A G T K E H Ő S N Ő Z F A
C U S É T M E R E T B Ú V K
B C W C A R C H E T Í P U S
T E R E M T M É N Y Y K F M
```

ARCHETÍPUS
VILLÁM
TEREMTÉS
KULTÚRA
MENNYDÖRGÉS
LABIRINTUS
VISELKEDÉS
HŐS
HŐSNŐ
MENNY

ERŐ
HARCOS
LEGENDA
MÁGIKUS
SZÖRNY
KATASZTRÓFA
HALANDÓ
TEREMTMÉNY
BOSSZÚ

30 - Eten #1

```
S  E  V  E  L  J  E  H  Ú  S  G  S  Á  E
C  Á  Ó  S  X  Z  P  Y  P  Y  Y  P  R  F
S  M  R  B  A  U  E  V  A  K  Ü  E  P  R
Á  O  O  G  B  D  R  Y  Z  K  M  N  A  A
R  K  Y  T  A  K  Ö  R  T  E  Ö  Ó  S  S
G  I  G  I  E  B  O  I  C  H  L  T  E  A
A  L  O  D  N  J  A  Z  P  D  C  C  F  L
R  A  M  Y  G  A  H  R  X  K  S  Y  F  Á
É  S  I  Y  R  E  K  M  A  I  L  C  A  T
P  Z  D  T  O  N  H  A  L  C  É  I  H  A
A  A  L  O  K  E  L  A  L  B  K  T  É  T
U  B  Ö  R  U  K  M  N  D  K  N  R  J  K
H  D  F  N  C  E  H  X  Z  M  U  O  G  Z
L  Z  F  O  K  H  A  G  Y  M  A  M  T  A
```

EPER	SALÁTA
SÁRGABARACK	GYÜMÖLCSLÉ
BAZSALIKOM	LEVES
CITROM	SPENÓT
ÁRPA	CUKOR
FAHÉJ	TONHAL
FOKHAGYMA	HAGYMA
TEJ	HÚS
KÖRTE	SÁRGARÉPA
FÖLDIMOGYORÓ	SÓ

31 - Avontuur

```
V  U  F  S  B  V  E  S  Z  É  L  Y  E  S
Z  T  T  Z  Á  Ó  N  E  H  É  Z  S  É  G
L  A  E  É  T  Ú  I  N  O  Z  W  B  Z  C
O  Z  Z  P  O  J  W  C  S  E  V  C  V  O
E  Á  S  R  K  O  S  Á  V  Í  H  I  K
I  S  É  É  S  L  P  B  I  G  A  Ú  T  S
Ő  O  M  G  Á  J  T  G  D  J  I  T  T  M
P  K  R  J  G  P  Y  F  F  S  N  V  H  K
E  L  E  L  K  E  S  E  D  É  S  O  A  M
L  S  T  B  A  R  Á  T  O  K  L  N  P  N
G  Z  É  B  O  J  I  F  T  S  I  A  A  J
E  N  A  L  T  A  K  O  Z  S  Y  L  J  O
M  G  S  B  Y  Ö  R  Ö  M  Y  D  T  W  X
M  O  P  S  B  I  Z  T  O  N  S  Á  G  U
```

LELKESEDÉS	ÚTVONAL
VESZÉLYES	UTAZÁSOK
ESÉLY	SZÉPSÉG
BÁTORSÁG	KIHÍVÁSOK
NEHÉZSÉG	BIZTONSÁG
TERMÉSZET	MEGLEPŐ
NAVIGÁCIÓ	ÖRÖM
ÚJ	BARÁTOK
SZOKATLAN	

32 - Circus

```
M  B  Á  R  C  Ó  H  O  B  D  M  T  P  O
Á  I  L  I  U  N  É  Z  Ő  I  F  R  A  R
G  O  L  R  K  B  Ű  V  É  S  Z  Ü  R  O
I  X  A  M  O  J  A  M  B  X  E  K  Á  S
A  L  T  N  R  C  W  B  G  B  M  K  D  Z
S  B  O  Z  K  A  T  U  A  Z  L  Ö  É  L
G  Á  K  D  A  Z  H  F  K  V  E  B  R  Á
X  A  T  A  B  O  R  K  A  N  J  M  S  N
U  V  N  O  D  O  N  U  A  T  F  Ö  R  Y
W  X  Á  D  R  J  E  G  Y  I  C  G  L  L
X  S  F  X  O  I  U  F  K  G  V  G  Y  B
E  L  E  B  N  S  P  O  U  R  Y  É  T  E
R  Ő  L  G  N  O  S  Z  M  I  C  L  Z  E
E  M  E  Z  E  N  E  G  B  S  D  T  N  R
```

MAJOM	MÁGIA
AKROBATA	ZENE
LÉGGÖMBÖK	ELEFÁNT
BOHÓC	PARÁDÉ
ÁLLATOK	CUKORKA
BŰVÉSZ	SÁTOR
ZSONGLŐR	TIGRIS
JEGY	NÉZŐ
JELMEZ	TRÜKK
OROSZLÁN	

33 - Restaurant #2

```
A  B  A  K  É  Z  S  W  A  D  Z  Z  J  T
V  V  E  E  T  C  E  Y  A  E  F  Ö  S  É
V  R  Y  R  Z  H  V  G  D  T  P  L  Ó  S
E  A  R  E  D  J  E  E  Z  E  P  D  T  Z
U  T  C  Z  S  F  L  V  Í  Z  G  S  V  T
N  R  G  S  C  L  Ö  M  Ü  Y  G  É  R  A
U  O  C  Ű  O  E  S  O  T  U  O  G  P  C
X  T  I  F  V  R  J  N  W  O  F  E  Z  O
I  W  V  O  I  A  I  X  P  J  K  T  A
T  X  Y  N  C  D  L  F  W  X  P  Á  T  S
A  H  K  I  N  X  D  L  V  K  O  P  S  K
L  A  P  I  N  C  É  R  A  K  A  N  Á  L
K  L  K  M  P  K  B  S  A  L  Á  T  A  P
Z  U  Y  M  V  P  E  J  É  G  E  F  E  V
```

TORTA	TÉSZTA
VACSORA	PINCÉR
ITAL	SALÁTA
TOJÁS	LEVES
GYÜMÖLCS	FŰSZEREK
ZÖLDSÉGEK	SZÉK
FINOM	HAL
JÉG	VILLA
KANÁL	VÍZ
EBÉD	SÓ

34 - De Media

```
Ú  K  P  R  E  R  S  L  E  T  N  S  V  K
J  O  M  O  S  G  O  L  X  R  J  Z  É  E
S  M  F  T  D  C  Y  Y  A  P  F  E  L  R
Á  M  M  C  M  R  P  É  Y  H  E  L  E  E
G  U  S  R  Á  D  I  Ó  N  E  T  L  M  S
O  N  Á  I  Y  L  E  H  U  I  Z  E  É  K
K  I  T  E  L  E  V  Í  Z  I  Ó  M  N  E
T  K  A  N  S  Á  D  A  I  K  E  I  Y  D
É  Á  T  I  P  W  T  A  Z  Ó  L  Á  H  E
N  C  K  L  I  A  M  I  U  K  A  D  H  L
Y  I  O  N  L  P  V  X  G  Y  R  S  N  M
E  Ó  D  O  E  F  A  E  C  I  X  V  O  I
K  E  S  É  T  E  D  R  I  H  D  Z  D  K
F  I  N  A  N  S  Z  Í  R  O  Z  Á  S  V
```

HIRDETÉSEK	SZELLEMI
KERESKEDELMI	ÚJSÁGOK
KOMMUNIKÁCIÓ	HELYI
DIGITÁLIS	VÉLEMÉNY
KIADÁS	HÁLÓZAT
TÉNYEK	OKTATÁS
FINANSZÍROZÁS	ONLINE
EGYÉNI	RÁDIÓ
IPAR	TELEVÍZIÓ

35 - Bijen

```
F  K  J  W  K  B  B  N  U  V  H  X  W  S
L  Ü  Y  G  I  D  C  E  W  I  E  Z  Y  O
M  R  S  U  R  G  X  L  W  R  S  I  J  K
X  O  M  T  Á  Á  F  L  V  Á  V  U  A  F
M  V  H  E  L  R  T  O  D  G  I  O  E  É
H  A  D  I  Y  I  R  P  K  O  C  E  Y  L
M  R  U  N  N  V  E  A  A  K  C  S  S  E
T  É  P  Y  Ő  V  K  N  N  K  W  C  Ö  S
N  I  Z  Z  V  U  É  L  Ő  H  E  L  Y  É
C  S  Z  Á  R  N  Y  A  K  D  B  Ö  N  G
É  L  E  L  M  I  S  Z  E  R  F  M  Ő  O
O  W  K  A  B  E  P  O  R  Z  Ó  Ü  L  Y
L  D  N  V  I  A  S  Z  J  K  Z  Y  E  F
L  P  A  T  K  G  V  J  J  P  N  G  H  U
```

BEPORZÓ	KIRÁLYNŐ
KAPTÁR	FÜST
VIRÁGOK	POLLEN
VIRÁG	KERT
SOKFÉLESÉG	SZÁRNYAK
GYÜMÖLCS	ÉLELMISZER
ÉLŐHELY	ELŐNYÖS
MÉZ	VIASZ
ROVAR	NAP

36 - Wandelen

```
V  J  C  L  A  Y  G  G  C  V  C  P  A  V
M  A  M  G  T  G  A  N  U  Í  S  A  W  X
Ó  M  D  J  P  E  W  I  O  Z  I  R  R  F
I  G  C  O  X  H  R  P  B  O  Z  K  B  K
C  T  É  R  K  É  P  M  Z  D  M  O  N  Ö
Á  Y  D  D  N  C  I  E  É  I  A  K  R  V
T  D  A  R  Á  F  T  K  H  S  L  T  A  E
N  A  L  K  I  Z  S  U  E  N  Z  F  O  K
E  Y  L  L  W  Z  H  R  N  A  K  E  G  M
I  D  Ő  J  Á  R  Á  S  F  P  G  E  T  D
R  P  D  O  A  V  E  S  Z  É  L  Y  E  K
O  G  Z  K  E  H  Á  L  L  A  T  O  K  O
V  B  P  U  K  O  G  O  Y  N  Ú  Z  S  S
X  S  É  T  Í  Z  S  É  K  Ő  L  E  W  V
```

HEGY	TERMÉSZET
ÁLLATOK	ORIENTÁCIÓ
VESZÉLYEK	PARKOK
TÉRKÉP	KÖVEK
KEMPING	ELŐKÉSZÍTÉS
SZIKLA	VÍZ
ÉGHAJLAT	IDŐJÁRÁS
CSIZMA	VAD
FÁRADT	NAP
SZÚNYOGOK	NEHÉZ

37 - Ecologie

```
F  J  N  K  Ö  Z  Ö  S  S  É  G  E  K  D
T  A  J  Ö  Ö  N  K  É  N  T  E  S  E  K
Ú  H  U  Z  V  O  R  Y  T  K  P  P  Z  J
L  E  S  N  G  É  S  E  L  É  F  K  O  S
É  G  M  L  A  Z  N  S  I  F  Y  C  R  G
L  Y  B  N  C  F  J  Y  R  O  H  H  I  L
É  E  Z  J  A  A  Y  L  E  H  Ő  L  É  O
S  K  M  O  C  S  Á  R  G  K  W  N  A  B
Ó  T  A  H  T  R  A  T  N  N  E  F  S  Á
E  T  E  Z  S  É  M  R  E  T  S  J  Z  L
Y  W  F  U  E  V  I  A  T  J  A  F  Á  I
D  K  J  N  Ö  V  É  N  Y  Z  E  T  L  S
É  G  H  A  J  L  A  T  V  H  W  V  Y  W
E  S  W  A  F  X  U  D  A  P  A  W  F  B
```

HEGYEK	TENGERI
SOKFÉLESÉG	MOCSÁR
ASZÁLY	TERMÉSZET
FENNTARTHATÓ	TÚLÉLÉS
FAUNA	NÖVÉNYEK
KÖZÖSSÉGEK	FAJ
GLOBÁLIS	FAJTA
ÉLŐHELY	NÖVÉNYZET
ÉGHAJLAT	ÖNKÉNTESEK

38 - Landen #1

```
O V K M B K N N A W R V P U
H G A A E A S É V R J S A B
V Á N R L M C M C D O N N C
U Z A O G B L E A R Z I A H
B S D K I O Y T J C W R M I
R R A K U D U O O K M T A L
O O A Ó M Z N R F C C D U E
M Z I Z M S D S L J X X L R
Á S H Z Í A N Z L Í B I A H
N A B V A L L Á G E N E Z S
I L I R A K I G D B U A U T
A O W N A U G A R A C I N K
L E T T O R S Z Á G R U E G
E G Y I P T O M B J Y G J N
```

BELGIUM	OLASZORSZÁG
BRAZÍLIA	LETTORSZÁG
KAMBODZSA	LÍBIA
KANADA	MAROKKÓ
CHILE	NICARAGUA
NÉMETORSZÁG	PANAMA
EGYIPTOM	ROMÁNIA
IRAK	SZENEGÁL
IZRAEL	

39 - Installaties

```
B O G Y Ó L É V E L N B A U
B O K O R O G L A T B Z C O
W R Y O D M P C T I Y H J P
B A Y E H B S R P Ő Y O N H
C A M I T O W H Z D D S Á V
D H M F Y Z K V T R Á G Y A
Y O J B B A H I H E B Z T G
X M Y F U T D R A D A I S Y
I I C E Ű S Y Á Z Y B B O Ö
L P P M C P Z G F R M H R K
K A K T U S Z C H T K X O É
N Ö V É N Y V I L Á G E B R
N Ö V É N Y Z E T P C H R D
B O T A N I K A F A H N L T
```

BAMBUSZ	FŰ
BOGYÓ	BOROSTYÁN
LEVÉL	TRÁGYA
VIRÁG	MOHA
FA	BOTANIKA
BAB	BOKOR
ERDŐ	KERT
KAKTUSZ	NÖVÉNYZET
NÖVÉNYVILÁG	GYÖKÉR
LOMBOZAT	

40 - Oceaan

```
O  Ó  E  D  A  Z  Ú  D  E  M  L  G  S  D
O  S  G  V  Y  N  O  T  Á  Z  G  A  Z  E
W  Ő  Z  P  R  D  G  S  S  C  H  R  I  L
I  N  G  T  V  H  E  O  H  M  B  N  V  F
L  K  U  E  R  T  P  K  L  X  Z  É  A  I
O  E  K  D  U  I  M  L  A  N  R  L  C  N
H  T  Y  Y  T  S  G  Y  H  O  A  A  S  D
C  Á  P  A  G  L  A  A  Y  U  H  R  G  L
B  F  B  F  P  O  L  I  P  H  I  Á  L  M
J  Á  H  A  J  Ó  L  X  W  B  V  K  S  E
U  F  L  I  X  L  A  H  N  O  T  T  V  R
L  S  D  N  J  U  R  Á  R  A  P  Á  L  Y
P  T  M  V  A  V  O  U  J  K  O  J  S  K
L  K  A  R  N  P  K  R  Á  K  J  B  W  N
```

ANGOLNA	POLIP
ALGA	OSZTRIGA
HAJÓ	ZÁTONY
DELFIN	TEKNŐS
GARNÉLARÁK	SZIVACS
ÁRAPÁLY	VIHAR
CÁPA	TONHAL
KORALL	HAL
RÁK	BÁLNA
MEDÚZA	SÓ

41 - Landen #2

```
F  G  J  K  J  U  D  N  I  G  É  R  I  A
O  R  Ö  M  C  B  L  Á  P  E  N  W  D  D
R  Í  A  R  G  I  N  O  N  A  B  I  L  N
O  R  I  N  Ö  F  W  Ó  K  I  X  E  M  A
S  O  Z  I  C  G  O  P  W  Y  A  Z  U  G
Z  R  J  N  S  I  O  J  A  P  Á  N  K  U
O  S  A  D  Z  L  A  R  W  T  F  P  R  L
R  Z  L  O  Í  A  Y  O  S  J  R  R  A  I
S  Á  A  N  R  O  N  D  R  Z  G  H  J  B
Z  G  M  É  I  S  E  R  U  S  Á  E  N  É
Á  B  T  Z  A  Z  K  J  A  X  Z  G  A  R
G  G  A  I  P  Ó  I  T  E  N  S  Á  X  I
A  Y  I  A  S  Z  O  M  Á  L  I  A  G  A
D  W  C  G  O  E  W  W  T  B  D  F  M  I
```

DÁNIA	LIBÉRIA
ETIÓPIA	MALAJZIA
FRANCIAORSZÁG	MEXIKÓ
GÖRÖGORSZÁG	NEPÁL
ÍRORSZÁG	NIGÉRIA
INDONÉZIA	UGANDA
JAPÁN	UKRAJNA
KENYA	OROSZORSZÁG
LAOSZ	SZOMÁLIA
LIBANON	SZÍRIA

42 - Bloemen

```
J F T O P A S Z Ó R G P L C
K L U R L O Z M Á K B I E S
L R L C U C Á I T H R T V O
J I I H M L Z A I A D Y E K
C Z P I E I S I Y S S P N O
L T Á D R L Z N L Z L A D R
F Ó N E I I O É Á Ó Y N U P
L S H A A O R D U R U G L M
J K N E C M S R S A C E A O
M N W E R P Z A P S Y I I R
Y U H V S E É G B Z P L S I
C R B L R D P A R A W N L Z
M A G N Ó L I A A B M R G S
J Á Z M I N V K M R P C N U
```

SZIROM	NÁRCISZ
CSOKOR	ORCHIDEA
GARDÉNIA	PITYPANG
JÁZMIN	MÁK
LÓHERE	BAZSARÓZSA
LEVENDULA	PLUMERIA
LILIOM	RÓZSA
SZÁZSZORSZÉP	TULIPÁN
MAGNÓLIA	

43 - Landschappen

```
M  O  C  S  Á  R  G  R  S  V  R  U  O  T
F  É  L  S  Z  I  G  E  T  N  Ö  W  V  I
S  I  V  A  T  A  G  G  N  Á  K  L  U  V
T  U  N  D  R  A  N  J  W  P  C  T  G  M
I  E  W  B  E  R  L  L  É  W  T  M  T  Y
X  F  L  N  B  S  A  V  R  G  R  N  E  H
V  K  C  M  J  A  Z  I  D  T  H  T  S  E
G  Í  B  A  R  L  A  N  G  Ó  G  E  Z  G
E  O  Z  T  E  N  G  E  R  Y  R  G  G  Y
J  Á  S  E  Ó  C  E  Á  N  L  R  I  P  Y
Z  Z  D  D  S  S  D  B  M  O  D  Z  W  B
Í  I  W  N  Z  É  L  W  N  F  K  S  V  U
R  S  F  X  U  X  S  S  T  R  A  N  D  J
G  L  E  C  C  S  E  R  R  K  W  K  I  C
```

HEGY	ÓCEÁN
SZIGET	FOLYÓ
GEJZÍR	FÉLSZIGET
GLECCSER	STRAND
BARLANG	TUNDRA
DOMB	VÖLGY
JÉGHEGY	VULKÁN
TÓ	VÍZESÉS
MOCSÁR	SIVATAG
OÁZIS	TENGER

44 - Tuin

```
W B G Y G Á Ő G G Ü F F T S
K E R Í T É S E T Y A F E O
O W O S R C Ö R R J E N R N
M U K Z E J S E A T Á P A L
O Z O Ő K W C B M J N J S K
Y V B L L H L L B L A T Z V
G U T Ő L U Ö Y U M T E Y J
P S S F P Y M E L T Ö M L Ő
J X Z Z K U Ü X I N L Ű F A
G G Á R I V Y C N E W Y N F
K P R J N K G O A O F W U D
F A A N F R L B H I M G U P
J D G R D C F Á R C I C X V
T A V A C S K A K B N V T N
```

PAD	GYOMOK
VIRÁG	SZIKLÁK
FA	LAPÁT
GYÜMÖLCSÖS	TÖMLŐ
GARÁZS	BOKOR
GYEP	TERASZ
FŰ	TRAMBULIN
FÜGGŐÁGY	KERT
GEREBLYE	TAVACSKA
KERÍTÉS	SZŐLŐ

45 - Beroepen #2

```
F  N  Y  O  M  O  Z  Ó  L  Ű  K  W  N  I
E  F  Ú  T  P  J  C  X  I  R  U  M  Y  L
S  G  S  J  G  T  H  E  N  H  T  B  E  L
T  L  V  S  S  Ó  T  O  F  A  A  G  L  U
Ő  X  L  U  R  Á  M  M  Y  J  T  A  V  S
S  E  B  É  S  Z  G  É  S  Ó  Ó  Z  É  Z
T  B  Z  L  O  N  I  Í  R  S  F  D  S  T
I  N  K  H  V  K  J  O  R  N  F  A  Z  R
T  A  N  Á  R  D  E  K  X  Ó  Ö  N  Y  Á
M  K  G  N  O  Z  V  R  T  B  O  K  G  T
B  I  O  L  Ó  G  U  S  T  X  C  E  A  O
F  I  L  O  Z  Ó  F  U  S  É  M  U  H  R
K  Ö  N  Y  V  T  Á  R  O  S  S  B  H  V
U  K  N  U  T  P  I  L  Ó  T  A  Z  Y  W
```

ORVOS	ILLUSZTRÁTOR
ŰRHAJÓS	MÉRNÖK
KÖNYVTÁROS	ÚJSÁGÍRÓ
BIOLÓGUS	TANÁR
GAZDA	NYELVÉSZ
SEBÉSZ	KUTATÓ
NYOMOZÓ	PILÓTA
FILOZÓFUS	FESTŐ
FOTÓS	KERTÉSZ

46 - Dagen en Maanden

```
É N O V E M B E R R Z N S C
J V R Z R E B M E T P E Z S
E E Á V A S Á R N A P R O Ü
I L U E W J G D A M P S M T
J Ú N I U S Ú H Ó N A P B Ö
C O A D B K O L V Z C M A R
V S J N H F Ő O I S J V T T
Z Z Z H W É F K P U L S X Ö
V J Y N N X T T U I S P Y K
A D R E Z S É Ó T C Y R H P
R D H T R O H B P R K R Y G
F E B R U Á R E R Á T P A N
N K E T N É P R Y M W D O G
Y E A F E A U G U S Z T U S
```

AUGUSZTUS	HÉTFŐ
KEDD	MÁRCIUS
CSÜTÖRTÖK	NOVEMBER
FEBRUÁR	OKTÓBER
ÉV	SZEPTEMBER
JANUÁR	PÉNTEK
JÚLIUS	HÉT
JÚNIUS	SZERDA
NAPTÁR	SZOMBAT
HÓNAP	VASÁRNAP

47 - Beeldende Kunsten

```
R S I T K K A L A R U X A F
G T U D E M A C O H F P F E
R E M T R Y E G R O B O Z S
Ö Z W O Á S E S Y N B F K T
Z S D L M B L Z T A Y I R M
N É S L I A K J F E G L É É
S T Y Z A C S K G U R M T N
Z Í J S E C E R U Z A M A Y
V P G É B T N R Z B Z V Ű S
V É R V T P É R T R O P B J
I U V Ű K B Z T O L C V H U
A T V M H F S E E V J P Z A
S O S W M K A O J L V Y J J
Z A R Z L K F S T E N C I L
```

ÉPÍTÉSZET	TOLL
MŰVÉSZ	PORTRÉ
SZOBOR	CERUZA
FILM	ÖSSZETÉTEL
FASZÉN	FESTMÉNY
KERÁMIA	STENCIL
AGYAG	LAKK
KRÉTA	VIASZ
MESTERMŰ	

48 - Mode

```
A  G  I  S  É  Z  M  Í  H  B  C  J  K  G
Z  Y  R  T  E  V  Ö  Z  S  R  J  N  E  M
N  A  Á  Í  S  R  A  A  E  P  H  X  A  L
V  K  N  L  Z  O  T  Z  A  R  V  X  O  H
O  O  Y  U  E  I  S  S  X  J  F  T  R  E
K  R  Z  S  R  T  I  M  O  D  E  R  N  I
É  L  A  I  É  A  L  Ű  M  R  C  Y  M  E
N  A  T  D  N  E  A  R  Ú  T  X  E  T  R
Y  T  A  R  Y  L  M  E  K  P  I  S  C  E
E  I  Z  Á  B  E  I  Z  Z  J  I  H  I  D
L  T  Á  G  U  G  N  S  Z  P  V  E  Y  E
M  L  H  A  T  Á  I  Y  M  I  N  T  A  T
E  N  U  H  I  N  M  G  O  M  B  O  K  I
S  O  R  E  K  S  R  E  H  E  S  D  L  T
```

SZERÉNY	MODERN
HÍMZÉS	EREDETI
KÉNYELMES	MINTA
DRÁGA	GYAKORLATI
EGYSZERŰ	STÍLUS
ELEGÁNS	SZÖVET
CSIPKE	TEXTÚRA
RUHÁZAT	IRÁNYZAT
GOMBOK	BUTIK
MINIMALISTA	

49 - Tuinieren

```
E  M  T  T  O  O  S  V  C  W  A  M  N  Y
S  U  A  H  Ö  K  O  Z  S  I  P  V  E  Z
Y  T  L  P  A  M  W  G  O  V  F  Y  D  B
L  A  A  N  D  N  L  W  K  W  Z  J  V  I
Á  E  J  H  K  S  G  Ő  O  R  G  I  E  K
T  H  V  C  E  O  L  T  R  F  S  A  S  O
R  Y  S  É  Z  G  R  P  A  T  A  W  S  M
A  L  B  Z  L  Á  Y  K  K  A  X  J  É  P
T  Y  V  G  Á  R  I  V  I  Z  Í  V  G  O
M  B  A  M  S  I  L  Á  N  O  Z  E  Z  S
E  H  E  T  Ő  V  J  C  A  B  A  W  W  Z
É  G  H  A  J  L  A  T  T  M  S  C  E  T
M  A  G  O  K  V  M  O  O  O  E  N  N  Z
W  X  A  L  Z  C  C  T  B  L  C  V  X  N
```

LEVÉL   LOMBOZAT
VIRÁGOS   ÉGHAJLAT
VIRÁG   SZEZONÁLIS
TALAJ   TÖMLŐ
CSOKOR   FAJ
BOTANIKA   NEDVESSÉG
KOMPOSZT   PISZOK
TARTÁLY   VÍZ
EHETŐ   MAGOK

50 - Menselijk Lichaam

```
Á  W  K  V  G  W  C  E  Z  N  L  U  G  Á
K  L  R  É  B  Y  V  V  S  R  D  A  R  L
O  L  L  R  Ő  B  Z  S  Z  L  K  S  H  L
O  Á  Ü  T  O  T  S  S  Í  F  L  L  R  K
G  V  F  É  W  M  U  C  V  E  C  Y  O  A
L  F  N  R  O  O  G  V  S  T  C  S  H  P
E  G  A  D  R  B  U  R  Z  U  U  E  U  O
F  U  C  K  A  Y  N  N  Á  C  L  D  A  C
E  J  G  Y  O  M  O  R  J  I  C  F  L  S
J  J  X  T  X  B  Á  L  R  N  Y  E  L  V
K  Ö  N  Y  Ö  K  R  P  I  O  T  T  J  N
Y  S  I  G  T  I  W  Z  Z  T  K  K  K  L
N  F  V  A  J  H  E  X  B  L  R  O  É  C
L  T  P  W  I  A  I  U  Y  F  L  G  Z  O
```

LÁB	ÁLL
VÉR	TÉRD
KÖNYÖK	GYOMOR
BOKA	SZÁJ
KÉZ	NYAK
SZÍV	ORR
AGY	FÜL
FEJ	VÁLL
BŐR	NYELV
ÁLLKAPOCS	UJJ

51 - Energie

```
H I D R O G É N R A P I Ü H
E L E K T R O M O S W H Z Ő
E L E K T R O N T T Z B E W
R S E Z D O Y V Á T O M M W
N Z P E B T F J L I U F A P
U E W K R O X U U H O S N E
K N N Ö R M W Ó M M F G Y N
L N M R A U K L U S T Ő A T
E Y B N N O A U K P Z Z G R
Á E S Y I J H J K F I É X Ó
R Z Z E B Z P Ú A Z P L N P
I É É Z R J N G Y Y Y H H I
S S L E U V F E D Í Z E L A
E F M T T S H M B D K L R H
```

AKKUMULÁTOR	SZÉN
BENZIN	MOTOR
ÜZEMANYAG	NUKLEÁRIS
DÍZEL	KÖRNYEZET
ELEKTROMOS	GŐZ
ELEKTRON	TURBINA
ENTRÓPIA	SZENNYEZÉS
FOTON	HŐ
MEGÚJULÓ	HIDROGÉN
IPAR	SZÉL

52 - Familie

```
Z B C T U I F E L E S É G U
G D Z G F K N A G Y A P A N
U G L Ú J R É F L Á N Y A O
E N R H J E G N É N I L W K
D Z O A F K H Y F T K B O A
S L K K D Y Z T E L K Ő Z N
L W K O Á Z J A U R I S Z A
E B E N N J V J P C M M S G
O L M U K I A P A A O E B Y
Y A R P T F O Y Z Y Z T K B
G Y E R M E K E K N B L A Á
Z E Y J N A G Y M A M A I C
V H G R E T E S T V É R B S
U N O K A T E S T V É R Y I
```

TESTVÉR	UNOKATESTVÉR
LÁNYA	UNOKAHÚG
NAGYMAMA	NAGYBÁCSI
GYERMEKKOR	NAGYAPA
GYERMEK	NÉNI
GYERMEKEK	IKREK
UNOKA	APA
UNOKÁJA	APAI
FÉRJ	ŐS
ANYA	FELESÉG

53 - Gebouwen

```
U  N  S  S  T  O  R  O  N  Y  K  K  G  M
X  G  Z  Z  Z  M  O  W  J  V  E  G  A  O
G  A  U  Í  E  U  T  K  M  J  G  Y  R  Z
W  Z  P  N  M  I  Á  A  X  U  Y  Á  Á  I
E  D  E  H  S  R  S  B  J  U  E  R  Z  E
D  A  R  Á  V  Ó  G  I  C  W  T  Z  S  P
M  S  M  Z  B  T  J  N  R  F  E  E  Ú  M
R  Á  A  T  J  A  P  Y  M  G  M  M  D  M
I  G  R  A  M  R  L  K  Ó  R  H  Á  Z  V
S  X  K  H  L  O  A  D  O  L  L  Á  Z  S
K  K  E  G  Z  B  K  P  A  W  Y  P  L  P
O  H  T  C  H  A  Á  N  O  C  J  S  S  Y
L  Y  J  Y  D  L  S  S  T  A  D  I  O  N
A  N  A  G  Y  K  Ö  V  E  T  S  É  G  W
```

NAGYKÖVETSÉG	MÚZEUM
LAKÁS	ISKOLA
MOZI	PAJTA
GAZDASÁG	STADION
KABIN	SZUPERMARKET
GYÁR	SÁTOR
GARÁZS	SZÍNHÁZ
SZÁLLODA	TORONY
VÁR	EGYETEM
LABORATÓRIUM	KÓRHÁZ

54 - Beroepen #1

```
C  Z  R  Z  Z  Á  A  E  X  Z  D  B  K  T
T  S  L  Ó  G  P  Z  T  F  Y  Z  T  Z  Á
U  É  I  T  O  O  D  X  L  H  R  M  U  N
D  R  F  L  T  L  É  Z  S  É  N  E  Z  C
Ó  E  S  O  L  Ó  V  B  N  O  T  H  L  O
S  Z  R  Z  F  A  Y  Z  S  Á  D  A  V  S
L  S  B  Ű  J  U  G  C  V  B  K  V  C  S
O  Y  H  T  F  D  Ü  Á  B  M  E  A  B  G
R  G  B  A  N  K  Á  R  S  K  H  V  L  L
V  Ó  T  L  Z  S  É  R  E  Z  S  K  É  J
O  Y  G  E  O  L  Ó  G  U  S  C  V  A  T
S  G  F  J  Y  T  É  R  K  É  P  É  S  Z
Z  O  N  G  O  R  I  S  T  A  I  F  K  W
N  A  G  Y  K  Ö  V  E  T  L  V  A  P  D
```

ÜGYVÉD   ORVOS
NAGYKÖVET   GEOLÓGUS
GYÓGYSZERÉSZ   VADÁSZ
CSILLAGÁSZ   ÉKSZERÉSZ
ATLÉTA   ZENÉSZ
BANKÁR   ZONGORISTA
TŰZOLTÓ   ÁPOLÓ
TÉRKÉPÉSZ   TUDÓS
TÁNCOS

55 - Antarctica

```
V  J  N  T  E  G  I  Z  S  L  É  F  K  G
D  A  É  N  U  S  B  Í  U  O  H  F  Ö  L
H  F  J  G  H  D  Z  V  R  K  M  E  R  E
D  J  O  U  H  U  O  I  D  W  R  L  N  C
L  Z  I  Y  G  G  H  M  K  P  E  H  Y  C
K  E  T  E  G  I  Z  S  Á  L  R  Ő  E  S
F  X  N  H  X  F  U  C  C  N  Á  K  Z  E
Ö  P  M  E  G  Ő  R  Z  É  S  Y  S  E  R
L  E  P  I  N  G  V  I  N  E  K  O  T  E
D  D  T  O  P  O  G  R  Á  F  I  A  S  K
R  Í  K  U  T  A  T  Ó  P  E  F  Ö  R  D
A  C  K  O  N  T  I  N  E  N  S  B  Z  W
J  I  H  U  K  E  X  F  N  K  K  Ö  J  K
Z  Ó  I  C  Á  R  G  I  M  H  P  L  J  R
```

ÖBÖL   KUTATÓ
MEGŐRZÉS   PINGVINEK
KONTINENS   SZIKLÁS
SZIGETEK   FÉLSZIGET
EXPEDÍCIÓ   FAJ
FÖLDRAJZ   TOPOGRÁFIA
GLECCSEREK   VÍZ
JÉG   TUDOMÁNYOS
MIGRÁCIÓ   FELHŐK
KÖRNYEZET

56 - Ballet

```
G H P I K O S O C N Á T P T
K Y I H Y E I Z M O K W R A
I W A N J U C K S F K G Ó P
F K N K T I Z S É V Ű M B S
E O I A O E W Z E R A O A U
J R R Z R R N S E S B G Z L
E E E I O H L Z Z G A X E Í
Z O L K F N K A I H S D N T
Ő G A Z E N E L T T S T E S
Z R B R R I T M U S Á L K E
G Á K Ö Z Ö N S É G Y S A U
K F Z E N E S Z E R Z Ő R L
O I G E S Z T U S C M K V M
B A K I N H C E T X Z Y E P
```

TAPS	ZENEKAR
MŰVÉSZI	GYAKORLAT
BALERINA	KÖZÖNSÉG
KOREOGRÁFIA	PRÓBA
ZENESZERZŐ	RITMUS
TÁNCOSOK	KECSES
KIFEJEZŐ	IZMOK
GESZTUS	STÍLUS
INTENZITÁS	TECHNIKA
ZENE	

57 - Fruit

```
S  Z  I  L  V  A  D  C  J  R  N  M  G  Ő
M  X  X  X  H  Y  W  T  P  Y  E  Á  Ó  S
O  V  Z  K  U  L  N  I  V  I  K  L  I  Z
N  F  Y  K  N  A  Á  J  V  J  T  N  D  I
C  B  O  G  Y  Ó  N  U  T  U  A  A  Z  B
P  S  K  C  A  R  A  B  A  G  R  Á  S  A
D  A  E  A  T  W  B  A  A  I  I  L  U  R
I  D  P  R  K  Ö  R  T  E  L  N  M  K  A
N  L  Z  A  E  T  Ó  G  N  A  M  F  Ó  C
N  Z  N  S  J  S  G  V  E  K  H  A  K  K
Y  L  J  H  J  A  Z  N  A  R  A  N  C  S
E  S  Z  Ő  L  Ő  R  N  C  I  T  R  O  M
A  V  O  K  Á  D  Ó  G  Y  V  F  Y  F  S
A  N  A  N  Á  S  Z  J  Y  E  V  Z  P  S
```

SÁRGABARACK	KIVI
ANANÁSZ	KÓKUSZDIÓ
ALMA	MANGÓ
AVOKÁDÓ	DINNYE
BANÁN	NEKTARIN
BOGYÓ	NARANCS
CITROM	PAPAJA
SZŐLŐ	KÖRTE
MÁLNA	ŐSZIBARACK
CSERESZNYE	SZILVA

58 - Engineering

```
S  S  S  É  R  É  M  F  Z  E  C  H  L  V
N  S  Z  Z  O  T  B  O  C  N  V  F  F  J
O  Z  I  Á  Ö  O  Ő  R  E  E  D  O  X  V
S  E  D  B  M  G  R  G  X  R  I  L  J  J
R  R  A  C  F  Í  O  Á  A  G  A  Y  H  S
P  K  H  L  W  N  T  S  P  I  G  A  F  T
M  E  A  W  V  O  O  Á  U  A  R  D  M  A
Ő  Z  C  E  X  W  M  T  S  B  A  É  É  B
R  E  T  E  N  G  E  L  Y  N  M  K  L  I
É  T  X  U  A  S  R  H  E  F  X  N  Y  L
M  E  G  H  A  J  T  Á  S  Z  H  H  S  I
T  F  Z  N  Y  A  N  S  É  T  Í  P  É  T
Á  O  G  É  P  C  T  F  C  C  G  D  G  Á
M  O  Z  G  Á  S  Á  D  Ó  L  R  Ú  S  S
```

TENGELY	ERŐ
SZÁMÍTÁS	GÉP
MOZGÁS	MÉRÉS
ÉPÍTÉS	MOTOR
DIAGRAM	FORGÁS
ÁTMÉRŐ	STABILITÁS
MÉLYSÉG	SZERKEZET
DÍZEL	FOLYADÉK
ENERGIA	MEGHAJTÁS
SZÖG	SÚRLÓDÁS

59 - Literatuur

```
F  I  K  C  I  Ó  A  M  Z  C  G  N  P  A
A  N  E  K  D  O  T  A  K  Ö  L  T  Ő  I
S  J  N  A  R  R  Á  T  O  R  D  A  Z  G
K  Ö  V  E  T  K  E  Z  T  E  T  É  S  Ó
T  É  M  A  T  R  A  G  É  D  I  A  V  L
R  O  S  S  É  Z  M  E  L  E  B  É  É  A
A  Í  U  T  D  L  K  V  Y  Y  S  L  L  N
G  Y  M  Í  R  S  E  J  F  U  L  E  E  A
B  J  T  L  P  R  Z  Í  T  D  M  T  M  P
J  T  I  U  K  E  P  E  R  E  B  R  É  X
E  H  R  S  E  V  D  E  R  Á  D  A  N  E
M  E  T  A  F  O  R  A  Z  Z  S  J  Y  I
O  R  E  G  É  N  Y  W  U  W  Ő  Z  N  K
V  P  Á  R  B  E  S  Z  É  D  U  I  G  J
```

ANALÓGIA	METAFORA
ELEMZÉS	LEÍRÁS
ANEKDOTA	KÖLTŐI
SZERZŐ	RÍM
ÉLETRAJZ	RITMUS
KÖVETKEZTETÉS	REGÉNY
PÁRBESZÉD	STÍLUS
FIKCIÓ	TÉMA
VERS	TRAGÉDIA
VÉLEMÉNY	NARRÁTOR

60 - Boeken

```
T P B K L K K B K I H H Ó V
R I W E S O N Ő Z R E Z S B
É V W T Y N O K É L Á L A T
F I W T N T A D A A B B V T
Á R B Ő É E X M I D P O L O
S O T S G X B D V L N Z O R
E D E S E T J C D O L Z L Í
P A N É R U M K A L A N D R
I L É G S S U K I G A R T L
K M T Ö R T É N E L M I I V
U I R P E S W C S Y H S I J
S C Ö T V N A R R Á T O R B
Y R T E Z S É T L Ö K O E U
B M G Y Ű J T E M É N Y M D
```

SZERZŐ	TRÉFÁS
KALAND	TALÁLÉKONY
OLDAL	OLVASÓ
GYŰJTEMÉNY	IRODALMI
KONTEXTUS	KÖLTÉSZET
KETTŐSSÉG	REGÉNY
EPIKUS	TRAGIKUS
VERS	TÖRTÉNET
ÍROTT	NARRÁTOR
TÖRTÉNELMI	

61 - Meer Informatie

```
V A R R O B O T O K L I N F
I I L E B T E L E Z P É K U
L P A S Á N A B B O R F D T
Á Ó S E Y L É T J E R O H U
G T M O T G I Z R T S R D R
Z U G U R Ű I S A N M G Y I
G T U B O H Z U L U A A S S
R A P E L H O O U J C T T Z
A L L D B W M T P E J Ó O T
S S M A I L L Ú Z I Ó K P I
K Ó R Z X B O L Y G Ó Ö I K
N J K L Z I E B J C C N A U
S E G É S Ő S L É Z S Y V S
T E C H N O L Ó G I A V O B
```

MOZI   JÓSLAT
TŰZ   BOLYGÓ
KÉPZELETBELI   REÁLIS
DYSTOPIA   ROBOTOK
ROBBANÁS   FORGATÓKÖNYV
SZÉLSŐSÉGES   GALAXIS
FUTURISZTIKUS   TECHNOLÓGIA
ILLÚZIÓ   UTÓPIA
REJTÉLYES   VILÁG

62 - Haartypes

```
O  R  Ú  J  X  P  L  O  B  G  P  R  W  H
E  Z  Z  F  E  C  U  V  A  Y  F  R  K  U
V  A  S  T  A  G  I  I  R  U  T  X  V  L
E  R  S  E  N  Í  Z  S  N  R  T  H  É  L
Z  Á  O  Z  I  D  N  X  A  V  E  R  K  Á
Ü  Z  H  U  Ő  H  Y  L  Y  A  F  J  O  M
S  S  P  G  W  K  Ö  T  R  Ü  F  X  N  O
T  Y  Z  V  Ö  A  E  R  Ö  V  I  D  Y  S
I  C  D  G  P  N  S  Z  Ü  R  K  E  F  G
E  B  X  I  N  U  D  O  L  Ő  X  T  E  J
F  O  N  O  T  T  H  Ö  B  B  V  E  H  D
T  K  T  A  T  N  S  A  R  J  H  K  É  C
S  E  G  É  S  Z  S  É  G  E  O  E  R  A
E  T  K  O  P  A  S  Z  S  F  A  F  Z  X
```

SZŐKE	FEJBŐR
BARNA	KOPASZ
VASTAG	RÖVID
SZÁRAZ	FÜRTÖK
VÉKONY	GÖNDÖR
SZÍNES	HOSSZÚ
FONOTT	FEHÉR
EGÉSZSÉGES	PUHA
HULLÁMOS	EZÜST
SZÜRKE	FEKETE

63 - Stad

```
V A C A R I S T A D I O N Z
K I F W G É S K É P O S T G
B G R P T R E K T A L L Á S
G A S Á D C L Z O L F B E M
S J N R G O S P K L U O R E
Z H K K S Á V N U W A L Á T
Á P I B O F R M O Z I T T E
L I J D X S C U X K V J V Y
L A R Á T R E Z S Y G Ó Y G
O C G A L É R I A E R I N E
D Z F T L O B S E V Y N Ö K
A K I N I L K O I O V P K C
S Z U P E R M A R K E T H H
M S Z Í N H Á Z M Ú Z E U M
```

GYÓGYSZERTÁR   KLINIKA
PÉKSÉG   PIAC
BANK   MÚZEUM
KÖNYVTÁR   ISKOLA
MOZI   STADION
VIRÁGÁRUS   SZUPERMARKET
KÖNYVESBOLT   SZÍNHÁZ
ÁLLATKERT   EGYETEM
GALÉRIA   BOLT
SZÁLLODA

64 - Creativiteit

```
I  F  O  L  Y  É  K  O  N  Y  S  Á  G  K
N  W  T  K  P  G  É  L  E  T  E  R  Ő  B
T  Y  N  O  K  É  L  Á  L  A  T  T  C  E
E  W  Á  D  É  S  K  D  L  Z  G  L  W  N
N  G  T  R  P  Z  E  A  Y  S  Á  X  Ó  Y
Z  É  N  Á  Z  S  M  Ű  V  É  S  Z  I  O
I  S  O  M  E  É  L  X  K  Z  S  H  C  M
T  S  P  A  L  K  E  W  E  E  O  Z  Á  Á
Á  E  S  I  E  N  Z  A  W  J  G  E  Z  S
S  L  F  M  T  I  R  D  B  E  Á  O  N  C
Z  E  C  E  R  K  É  Z  F  F  L  X  E  U
L  T  V  Í  Z  I  Ó  K  P  I  I  E  Z  A
Ó  I  C  Í  U  T  N  I  H  K  V  E  S  R
I  H  L  E  T  É  R  Z  É  S  E  K  S  A
```

MŰVÉSZI
KÉP
DRÁMAI
HITELESSÉG
ÉRZELMEK
SZENZÁCIÓ
ÉRZÉSEK
VILÁGOSSÁG
BENYOMÁS
IHLET

INTENZITÁS
INTUÍCIÓ
TALÁLÉKONY
SPONTÁN
KIFEJEZÉS
KÉSZSÉG
KÉPZELET
VÍZIÓK
ÉLETERŐ
FOLYÉKONYSÁG

65 - Natuur

```
L  É  T  F  O  N  T  O  S  S  Á  G  Ú  M
J  V  V  B  S  Ő  I  I  Ű  V  L  É  K  É
Y  D  A  K  Ö  D  R  J  R  T  B  S  Á  H
R  O  X  D  M  R  E  U  E  V  G  P  L  E
E  M  Z  T  T  E  E  R  D  I  E  É  L  K
S  I  V  A  T  A  G  H  Ó  G  O  Z  A  F
C  J  S  Y  L  É  T  N  E  Z  S  S  T  E
C  T  A  Z  O  B  M  O  L  Z  I  Z  O  L
E  J  W  K  I  S  U  P  Ó  R  T  Ó  K  H
L  N  Z  I  S  K  É  D  E  N  E  M  S  Ő
G  S  Y  D  Ó  Y  L  O  F  C  S  G  W  K
F  L  C  W  N  H  M  Á  C  B  Y  M  W  E
E  B  I  K  É  D  I  V  K  R  A  S  R  E
D  I  N  A  M  I  K  U  S  U  N  M  F  C
```

SARKVIDÉKI	KÖD
MÉHEK	FOLYÓ
ERDŐ	SZÉPSÉG
ÁLLATOK	MENEDÉK
DINAMIKUS	DERŰS
ERÓZIÓ	TRÓPUSI
LOMBOZAT	LÉTFONTOSSÁGÚ
GLECCSER	VAD
SZENTÉLY	SIVATAG
SZIKLÁK	FELHŐK

66 - Zoogdieren

```
M  F  R  Á  M  A  Z  S  D  B  E  F  Z  I
A  H  Ó  O  W  S  V  J  E  W  R  B  I  D
C  Ó  K  L  N  H  N  Á  L  Z  S  O  R  O
S  D  A  S  A  K  R  A  F  I  R  É  R  P
K  M  A  J  O  M  T  A  I  E  D  N  L  Z
A  Y  E  M  U  R  U  G  N  E  K  Y  Y  X
Z  W  O  L  K  U  T  Y  A  L  W  Ú  J  E
S  A  K  R  A  F  B  D  T  T  Á  L  T  X
E  L  E  F  Á  N  T  I  D  C  I  B  R  V
G  L  K  E  C  S  K  E  K  N  S  J  I  S
M  I  M  N  O  Y  G  B  D  A  N  N  B  I
S  R  M  E  T  O  O  H  O  K  T  E  V  E
H  O  Z  S  I  R  Á  F  V  S  N  S  E  K
O  G  N  X  Y  K  O  I  M  D  W  F  R  Y
```

MAJOM	KENGURU
HÓD	MACSKA
PRÉRIFARKAS	NYÚL
DELFIN	OROSZLÁN
SZAMÁR	ELEFÁNT
KECSKE	LÓ
ZSIRÁF	BIKA
GORILLA	RÓKA
KUTYA	BÁLNA
TEVE	FARKAS

67 - Overheid

```
F  S  T  T  J  O  V  B  E  S  Z  É  D  W
T  L  S  M  O  Z  E  T  Ö  R  V  É  N  Y
L  Z  H  D  G  I  Z  H  E  W  A  I  X  S
L  Y  H  O  O  F  E  J  A  Z  E  L  W  Z
P  D  K  R  K  E  T  R  U  P  M  X  C  A
B  Y  P  U  J  X  Ő  D  J  V  P  E  Y  B
D  E  M  O  K  R  Á  C  I  A  O  B  N  A
N  E  M  Z  E  T  I  D  B  T  L  Í  Á  D
T  R  B  A  N  E  I  S  F  I  I  R  M  S
B  S  Z  C  L  H  P  N  F  V  T  Ó  T  Á
É  Ű  M  K  É  L  M  E  P  K  I  S  O  G
K  O  P  O  L  G  Á  R  I  X  K  Á  K  J
É  S  Z  I  M  B  Ó  L  U  M  A  G  L  C
S  E  G  Y  E  N  L  Ő  S  É  G  I  A  Z
```

POLGÁRI	NEMZETI
DEMOKRÁCIA	POLITIKA
VITA	JOGOK
EGYENLŐSÉG	BÉKÉS
BÍRÓSÁGI	ÁLLAM
ALKOTMÁNY	SZIMBÓLUM
VEZETŐ	BESZÉD
EMLÉKMŰ	SZABADSÁG
NEMZET	TÖRVÉNY

68 - Voertuigen

```
N N K I M U G K T M A E I O
M I G E H E L I K O P T E R
R X K P R O T O M N I W P S
O A M W S É E Y N H R M Y V
T T K U S G K S J O L E D U
K A R É Ó Ó Z P M A G T Z Z
A N E X T J F M Á X R R S A
R O P X U A R O K R O Ó U A
T V Ü V A H K K D J H G B F
P V L K A M I O N X A O Z T
K P Ő K N I V H A H S B U U
H U G J P V M H O J T O E T
M I É N K A T E P B C R F A
W P P Z L A K Ó K O C S I J
```

AUTÓ	RAKÉTA
GUMIK	ROBOGÓ
FURGON	TAXI
HAJÓ	TRAKTOR
BUSZ	VONAT
LAKÓKOCSI	KOMP
KERÉKPÁR	REPÜLŐGÉP
HELIKOPTER	TUTAJ
METRÓ	KAMION
MOTOR	

69 - Geografie

```
S O R Á V N F D N H E P H M
N Z V I L Á G O O L Y N D A
E C I R É E E Z L T N V S G
N F L G D C Y A J Y D P M A
I I E L E Ó Y Y K G Ó N R S
T O G U Ő T Í L N E Y G E S
N V X W U A X E U H R L G Á
O R X W C G V D F W Y C N G
K J X S T U K A Z S É G E O
G H C X C Y P É K R É T T R
I G M S K N Á I D I R E M S
S Z É L E S S É G I E K S Z
F É L T E K E W O K V C Y Á
V U P A T L A S Z R R Z R G
```

ATLASZ	MERIDIÁN
HEGY	ÉSZAK
SZÉLESSÉG	ÓCEÁN
KONTINENS	VIDÉK
SZIGET	FOLYÓ
EGYENLÍTŐ	VÁROS
FÉLTEKE	VILÁG
MAGASSÁG	NYUGAT
TÉRKÉP	TENGER
ORSZÁG	DÉL

70 - Kunstbenodigdheden

C	K	A	K	V	A	R	E	L	L	E	K	F	S
P	E	N	Z	M	S	R	A	D	Í	R	G	E	Z
A	T	R	U	Ó	Z	Í	V	E	G	V	E	S	Í
S	E	E	U	T	É	P	M	V	K	Y	J	T	N
Z	S	S	M	Z	K	A	S	Z	T	A	L	Ő	E
T	C	X	N	S	Á	Z	J	H	I	T	U	Á	K
E	E	O	M	A	I	K	A	U	F	N	R	L	F
L	U	R	O	G	J	G	L	G	L	I	U	L	E
L	I	R	K	A	E	I	O	U	Y	T	H	V	S
V	J	T	K	R	T	W	V	L	G	A	G	Á	T
K	R	E	A	T	I	V	I	T	Á	S	G	N	É
O	I	S	K	A	M	E	R	A	D	C	V	Y	K
I	P	A	P	Í	R	F	A	S	Z	É	N	Z	E
C	H	I	S	H	K	X	C	P	F	Z	B	Y	K

AKRIL
AKVARELLEK
ECSETEK
KAMERA
KREATIVITÁS
FESTŐÁLLVÁNY
RADÍR
FASZÉN
TINTA
AGYAG

SZÍNEK
RAGASZTÓ
OLAJ
PAPÍR
PASZTELL
CERUZÁK
SZÉK
ASZTAL
FESTÉKEK
VÍZ

71 - Barbecues

```
P  H  A  G  Y  M  A  R  H  H  E  D  L  X
K  A  Ó  P  C  L  L  B  B  D  O  É  Y  Z
É  L  R  É  H  S  É  G  E  Y  P  B  Z  N
S  M  R  A  Z  Ö  L  D  S  É  G  E  K  Y
E  J  O  S  D  Á  L  A  S  C  V  U  W  Á
K  X  F  S  A  I  N  X  R  B  I  K  G  R
S  P  V  U  N  L  C  M  O  T  L  G  Y  C
Á  U  E  Z  Z  J  Á  S  B  M  L  Z  Ü  H
V  A  C  S  O  R  A  T  O  M  A  I  M  X
Í  X  G  Ó  T  D  Z  O  Á  M  K  X  Ö  O
H  V  J  Z  L  N  H  B  A  K  I  J  L  F
G  Z  F  S  E  A  M  R  G  G  T  H  C  M
E  S  M  M  H  N  F  G  R  I  L  L  S  S
M  Ó  T  Z  K  H  E  C  S  I  R  K  E  C
```

VACSORA	ZENE
CSALÁD	BORS
GYÜMÖLCS	SALÁTÁK
GRILL	SZÓSZ
ZÖLDSÉGEK	PARADICSOM
FORRÓ	HAGYMA
ÉHSÉG	MEGHÍVÁS
CSIRKE	VILLA
EBÉD	NYÁR
KÉSEK	SÓ

72 - Schoonheid

```
S E Z K Ö T R Ü F I X G D W
E Ó L L O Y U E I E X Z R C
E S P X N Z P D U F S O E R
K R Ú Z S M F T O E J L Ö
S E S P W A M E L E Y G E K
E I B Á J M T D T E S M G Ü
L W M T Z P E G A I O L A T
E Z S A O O R P U U K H N M
G U N L L N M B Ő R H A C E
Á I A L A Í É Y U M F M I M
N P F I J Z K N I M S G A E
S H G N O S E F O T O G É N
K C N F K R K S T Y L I S T
I V C Y F A V B I M N V D X
```

BÁJ	FÜRTÖK
KOZMETIKA	RÚZS
ELEGÁNS	OLAJOK
ELEGANCIA	TERMÉKEK
FOTOGÉN	OLLÓ
KEGYELEM	SAMPON
ILLAT	TÜKÖR
SIMA	STYLIST
BŐR	SMINK
SZÍN	

73 - Wetenschappelijke Discip

```
R  N  A  T  Y  N  Á  V  S  Á  M  Z  N  R
K  É  I  Y  M  C  V  F  Z  F  E  A  E  O
R  N  G  J  W  X  O  A  O  I  T  A  U  B
Y  K  Ó  É  L  A  Z  K  C  Z  E  I  R  O
X  A  L  P  S  U  U  I  I  I  O  G  O  T
D  K  O  J  L  Z  A  N  O  O  R  Ó  L  I
A  I  E  U  V  J  E  A  L  L  O  L  Ó  K
I  N  G  K  E  E  B  T  Ó  Ó  L  O  G  A
G  A  A  U  J  D  X  O  G  G  Ó  N  I  K
Ó  H  H  T  W  V  G  B  I  I  G  U  A  V
L  C  R  S  Ó  E  C  R  A  A  I  M  É  K
O  E  F  Y  H  M  X  D  F  H  A  M  Y  I
K  M  L  U  H  A  I  M  É  K  O  I  B  X
Ö  T  A  Z  S  Á  G  A  L  L  I  S  C  P
```

ANATÓMIA	IMMUNOLÓGIA
RÉGÉSZET	MECHANIKA
CSILLAGÁSZAT	METEOROLÓGIA
BIOKÉMIA	ÁSVÁNYTAN
KÉMIA	NEUROLÓGIA
ÖKOLÓGIA	BOTANIKA
FIZIOLÓGIA	ROBOTIKA
GEOLÓGIA	SZOCIOLÓGIA

74 - Bijvoeglijke Naamwoorden

```
Á  S  E  G  É  S  T  E  H  E  T  M  N  K
L  I  K  G  N  L  F  N  M  D  R  U  O  D
M  A  Z  U  É  G  U  S  V  W  A  A  R  T
O  O  S  X  Y  S  E  K  E  D  R  É  M  Ú
S  J  Ü  P  A  T  Z  S  I  T  S  F  Á  J
N  T  B  B  X  K  V  S  B  V  S  M  L  L
M  L  Y  B  B  I  Í  Y  É  F  E  R  T  Z
X  H  E  Ó  W  P  T  V  G  G  L  G  P  R
T  D  A  Á  F  A  W  W  A  E  X  D  É
S  Ó  S  Í  Ő  L  E  M  R  E  T  S  R  H
R  C  I  E  V  S  R  B  M  V  I  N  Á  E
Z  H  O  L  G  G  K  J  N  M  H  D  M  S
T  E  R  M  É  S  Z  E  T  E  S  J  A  P
Y  M  J  U  F  E  L  E  L  Ő  S  Z  I  V
```

HITELES	ÚJ
TEHETSÉGES	NORMÁL
LEÍRÓ	TERMELŐ
KREATÍV	ÁLMOS
DRÁMAI	ERŐS
EGÉSZSÉGES	BÜSZKE
ÉHES	FELELŐS
ÉRDEKES	VAD
FÁRADT	SÓS
TERMÉSZETES	TISZTA

75 - Kleding

```
Z  V  O  Ö  X  P  H  L  G  R  K  J  L  H
S  D  L  J  V  U  I  D  P  B  A  Ő  Á  C
G  Z  N  Z  O  L  A  L  X  X  B  P  D  I
R  U  H  A  B  Ó  G  Á  H  D  Á  I  N  G
K  T  E  Z  O  V  S  S  G  H  T  C  A  Á
P  A  L  A  K  E  A  Z  Ú  L  B  D  Z  R
I  V  R  I  H  R  M  O  T  M  D  B  S  D
Z  I  N  K  O  Z  O  K  F  P  X  K  S  A
S  D  I  E  Ö  I  C  N  Á  L  K  A  Y  N
A  L  P  S  Z  T  T  Y  K  Ö  T  É  N  Y
M  R  L  Z  O  F  Ő  A  L  I  T  A  J  V
A  W  K  D  K  E  S  Z  T  Y  Ű  R  O  M
B  J  N  K  Y  X  L  N  E  E  U  K  M  M
L  F  P  J  G  N  B  T  O  J  H  M  G  K
```

KARKÖTŐ	PIZSAMA
BLÚZ	ÖV
NADRÁG	SZOKNYA
KESZTYŰ	SZANDÁL
KALAP	CIPŐ
KABÁT	KÖTÉNY
DZSEKI	ING
RUHA	SÁL
NYAKLÁNC	ZOKNI
DIVAT	PULÓVER

76 - Vliegtuigen

```
I  O  H  A  L  S  É  Z  E  V  R  E  T  T
M  R  H  K  S  X  P  I  L  Ó  T  A  Ö  U
B  O  Á  D  V  T  M  S  C  M  L  C  R  R
A  T  É  N  U  T  A  S  S  A  N  R  T  B
L  O  P  A  Y  N  R  Ö  K  G  É  L  É  U
L  M  Í  L  H  R  B  S  P  A  É  J  N  L
O  I  T  A  M  D  O  M  U  S  K  I  E  E
N  D  É  K  J  G  H  N  I  S  I  R  L  N
R  H  S  S  Á  Z  A  M  R  Á  Z  S  E  C
L  E  G  É  N  Y  S  É  G  G  Ó  H  M  I
Ü  Z  E  M  A  N  Y  A  G  B  J  H  M  A
L  E  S  Z  Á  L  L  Á  S  G  A  U  F  D
L  E  V  E  G  Ő  E  D  R  U  H  B  G  B
H  I  D  R  O  G  É  N  S  G  H  N  D  A
```

SZÁRMAZÁS	LESZÁLLÁS
LÉGKÖR	LEVEGŐ
KALAND	MOTOR
BALLON	HAJÓZIK
LEGÉNYSÉG	TERVEZÉS
ÉPÍTÉS	UTAS
ÜZEMANYAG	PILÓTA
TÖRTÉNELEM	IRÁNY
ÉG	TURBULENCIA
MAGASSÁG	HIDROGÉN

77 - Herbalisme

```
Z  U  U  E  X  H  L  K  X  P  V  R  O  R
Í  Ö  W  F  M  M  W  O  K  E  A  H  R  O
X  P  L  G  L  L  L  N  X  T  M  I  E  Z
M  R  R  D  C  J  Z  Y  V  R  Y  Y  G  M
M  I  N  Ő  S  É  G  H  T  E  G  N  Á  A
U  V  M  O  K  I  L  A  S  Z  A  B  N  R
Z  G  Z  V  S  S  Y  I  W  S  H  V  Ó  I
M  A  J  O  R  Á  N  N  A  E  K  I  V  N
K  A  C  V  W  M  Á  H  O  L  O  R  T  G
C  A  X  F  D  O  R  D  Y  Y  F  Á  W  H
C  N  P  Y  P  R  F  I  X  E  F  G  H  M
K  E  T  O  V  A  Á  L  F  M  N  P  J  C
R  B  S  R  R  B  S  T  Á  R  K  O  N  Y
K  E  R  T  L  E  V  E  N  D  U  L  A  B
```

AROMÁS	LEVENDULA
BAZSALIKOM	MAJORÁNNA
VIRÁG	OREGÁNÓ
KONYHAI	PETREZSELYEM
KAPOR	ROZMARING
TÁRKONY	SÁFRÁNY
ZÖLD	ÍZ
FOKHAGYMA	KERT
MINŐSÉG	

78 - Kracht en Zwaartekracht

```
E T E R J E S Z K E D É S D
G S E B E S S É G O H N Y A
Y L E G N E T N O P Z Ö K M
E M Á G N E S E S S É G U Y
T T U L A J D O N S Á G O K
E M T O K W Y U H A T Á S B
M O Á N I N Y O M Á S N R H
E Z V F N B O L Y G Ó K H P
S G O I A D I N A M I K U S
N Á L Z H Y L Ú S Z G C R Y
C S S I C B L R I I E D H Y
J N Á K E L W Á I E N K J J
B E G A M P K U P D T V A D
F E L F E D E Z É S Ő I I S
```

TÁVOLSÁG   MÁGNESESSÉG
TENGELY   MECHANIKA
PÁLYA   FIZIKA
MOZGÁS   FELFEDEZÉS
KÖZPONT   BOLYGÓK
NYOMÁS   SEBESSÉG
DINAMIKUS   IDŐ
TULAJDONSÁGOK   TERJESZKEDÉS
SÚLY   EGYETEMES
HATÁS

79 - Het Bedrijf

```
J  G  F  W  E  G  H  C  W  G  B  K  W  M
S  F  V  B  G  B  Í  R  K  L  K  É  L  A
G  W  Í  E  Y  E  R  M  R  O  L  M  R  J
K  P  T  V  S  M  N  I  E  B  I  R  I  O
E  A  A  É  É  U  É  N  A  Á  N  E  P  X
D  T  V  T  G  T  V  Ő  T  L  L  T  R  S
N  Ö  O  E  E  A  Y  S  Í  I  Á  H  U  P
E  D  N  L  K  T  N  É  V  S  R  A  P  I
R  J  N  T  T  Á  B  G  J  V  E  L  O  Ü
T  L  I  J  É  S  I  L  U  P  N  A  U  Z
G  A  R  K  Y  S  O  U  K  P  E  D  X  L
K  O  C  K  Á  Z  A  T  O  K  G  Á  D  E
R  S  Z  A  K  M  A  I  T  G  V  S  O  T
D  I  F  E  B  E  R  U  H  Á  Z  Á  S  I
```

DÖNTÉS	BÉR
KREATÍV	BEMUTATÁS
EGYSÉGEK	TERMÉK
GENERÁLNI	SZAKMAI
GLOBÁLIS	HÍRNÉV
IPAR	KOCKÁZATOK
BEVÉTEL	TRENDEK
INNOVATÍV	HALADÁS
BERUHÁZÁS	ÜZLETI
MINŐSÉG	

80 - Rijden

```
L D Y M K F N V R J E G O M
W P N G H N O I M A K A Z O
B M O T O R W R V N C R R T
A W K Y L É D E G N E Á J O
L V E S Z É L Y F A I Z E R
E T K O V P K W I C L S R K
S G É G T S B A L T G O U E
E A F O H R E Ó T U A Á M R
T E I L X W E B S T H O Z É
G K G A Y N A M E Z Ü F N K
B Z R Y O K E P G S U D Z P
X U G G T É R K É P S B E Á
A L A G Ú T G Y J W T É X R
B I Z T O N S Á G S X I G W
```

AUTÓ	FÉKEK
ÜZEMANYAG	SEBESSÉG
GARÁZS	UTCA
GÁZ	ALAGÚT
VESZÉLY	BIZTONSÁG
TÉRKÉP	FORGALOM
ENGEDÉLY	GYALOGOS
MOTOR	KAMION
MOTORKERÉKPÁR	ÚT
BALESET	

81 - Wetenschap

```
T  T  K  S  W  M  L  L  N  A  B  D  E  F
E  U  É  É  W  K  M  I  C  T  W  E  V  O
R  D  K  L  M  U  Í  J  Y  O  G  K  O  S
M  Ó  S  E  M  I  I  S  N  M  R  Á  L  S
É  S  C  Y  Z  I  A  D  É  Z  H  L  Ú  Z
S  G  E  G  J  S  Y  I  T  R  U  U  C  I
Z  V  Z  I  X  S  Z  P  G  E  L  K  I  L
E  I  S  F  G  F  J  E  E  J  O  E  Ó  I
T  F  É  G  Y  X  B  E  R  X  O  L  T  S
A  S  R  E  Z  S  D  Ó  M  V  P  O  I  C
D  I  M  M  B  Y  D  E  M  A  E  M  C  F
A  K  I  Z  I  F  F  I  N  Y  J  Z  W  A
L  A  B  O  R  A  T  Ó  R  I  U  M  E  P
N  Ö  V  É  N  Y  E  K  R  H  P  O  D  T
```

ATOM	MÓDSZER
KÉMIAI	MOLEKULÁK
RÉSZECSKÉK	TERMÉSZET
EVOLÚCIÓ	FIZIKA
KÍSÉRLET	MEGFIGYELÉS
TÉNY	SZERVEZET
FOSSZILIS	NÖVÉNYEK
ADAT	TUDÓS
LABORATÓRIUM	

82 - Natuurkunde

```
M  G  Á  Z  T  A  R  T  Z  K  A  F  V  S
J  Á  U  F  O  Ö  W  X  C  É  G  R  A  A
N  B  G  I  A  I  M  É  K  P  T  E  P  M
O  J  W  N  N  W  U  E  D  L  S  K  K  E
G  É  S  S  E  B  E  S  G  E  Ű  V  Í  C
N  Y  S  V  K  S  U  H  F  T  R  E  S  H
N  S  Á  M  S  E  E  Y  E  K  Ű  N  É  A
R  L  L  O  C  M  J  S  H  Y  S  C  R  N
H  G  U  T  E  E  T  A  S  B  É  I  L  I
A  W  S  O  Z  T  W  S  Z  É  G  A  E  K
S  T  R  R  S  E  C  D  O  T  G  P  T  A
Z  N  O  A  É  Y  K  Á  O  S  Z  Z  L  O
B  P  Y  M  R  G  E  L  E  K  T  R  O  N
V  P  G  T  S  E  M  O  L  E  K  U  L  A
```

ATOM	GÁZ
KÁOSZ	MÁGNESESSÉG
KÉMIAI	TÖMEG
RÉSZECSKE	MECHANIKA
SŰRŰSÉG	MOLEKULA
ELEKTRON	MOTOR
KÍSÉRLET	SEBESSÉG
KÉPLET	EGYETEMES
FREKVENCIA	GYORSULÁS

83 - Muziekinstrumenten

```
O  U  G  N  C  M  T  S  L  W  B  O  D  C
K  P  O  J  R  J  W  V  T  Y  E  E  N  S
O  H  Á  R  F  A  A  R  O  G  N  O  Z  Ö
A  B  G  C  N  A  F  U  M  H  D  B  H  R
K  L  A  R  I  N  É  T  A  A  Z  M  E  G
G  O  L  Y  L  O  K  T  N  R  S  A  G  Ő
V  O  B  V  J  S  K  O  D  M  Ó  R  E  D
D  F  N  O  I  R  H  G  O  O  L  I  D  O
B  G  E  G  A  A  H  A  L  N  L  M  Ű  B
K  A  A  R  N  H  P  F  I  I  E  B  E  S
F  U  V  O  L  A  Z  K  N  K  S  A  B  M
G  I  T  Á  R  G  O  F  I  A  C  D  N  A
T  R  O  M  B  I  T  A  N  V  Z  P  H  G
X  S  M  H  C  S  Z  A  X  O  F  O  N  X
```

BENDZSÓ	MARIMBA
CSELLÓ	HARMONIKA
FAGOTT	ZONGORA
FUVOLA	SZAXOFON
GITÁR	CSÖRGŐDOB
GONG	HARSONA
HÁRFA	DOB
OBOA	TROMBITA
KLARINÉT	HEGEDŰ
MANDOLIN	

84 - Antiek

```
Á  É  S  S  E  B  E  R  U  H  Á  Z  Á  S
R  R  Z  Z  G  L  É  R  T  É  K  J  B  E
V  M  Á  O  C  A  E  I  C  F  U  W  F  L
E  É  Z  K  C  Z  L  G  I  U  A  K  E  E
R  K  A  A  E  L  A  É  Á  S  Y  W  S  T
É  J  D  T  W  V  S  R  R  N  Z  G  T  I
S  F  D  L  L  G  Y  Z  A  I  S  M  M  H
S  R  R  A  S  T  Í  L  U  S  A  Ő  É  M
G  Z  X  N  M  Ű  V  É  S  Z  E  T  N  I
Z  H  O  T  M  X  K  A  V  D  I  J  Y  N
Y  Á  K  B  I  U  C  B  N  J  C  Ű  E  Ő
Z  R  T  G  O  W  K  M  G  M  F  Y  K  S
P  K  L  H  P  R  O  T  Ú  B  Z  G  O  É
H  E  L  Y  R  E  Á  L  L  Í  T  Á  S  G
```

HITELES	SZOKATLAN
SZOBOR	RÉGI
SZÁZAD	ÁR
ELEGÁNS	HELYREÁLLÍTÁS
GALÉRIA	FESTMÉNYEK
BERUHÁZÁS	STÍLUS
MŰVÉSZET	ÁRVERÉS
MINŐSÉG	GYŰJTŐ
BÚTOR	ÉRTÉK
ÉRMÉK	

85 - Activiteiten en Vrije Ti

```
P  T  U  Ú  S  Z  Á  S  V  K  B  S  N  K
L  I  Ú  T  P  H  C  W  E  O  A  U  W  E
Y  B  H  R  A  L  K  C  R  S  S  U  G  R
S  B  F  E  Á  Z  I  V  S  Á  E  J  O  T
Á  O  T  I  N  Z  Á  I  E  R  B  T  L  É
D  H  Y  U  B  T  Á  S  N  L  A  B  F  S
O  V  R  I  K  Y  E  S  Y  A  L  O  P  Z
K  H  S  P  B  P  S  T  X  B  L  K  T  K
R  Ö  P  L  A  B  D  A  Ő  D  D  S  E  E
Á  H  A  L  Á  S  Z  A  T  A  A  Z  N  D
V  F  U  T  B  A  L  L  P  Y  W  R  I  É
Ú  F  E  S  T  M  É  N  Y  D  I  J  S  S
B  P  R  W  U  S  É  Z  Ö  F  R  Ö  Z  S
M  Ű  V  É  S  Z  E  T  K  U  L  O  S  W
```

KOSÁRLABDA
BOKSZ
BÚVÁRKODÁS
GOLF
HALÁSZAT
HOBBI
BASEBALL
MŰVÉSZET
PIHENTETŐ
VERSENY

UTAZÁS
FESTMÉNY
SZÖRFÖZÉS
TENISZ
KERTÉSZKEDÉS
FUTBALL
RÖPLABDA
TÚRÁZÁS
ÚSZÁS

86 - Water

```
A O W V F J P Ó H N L P N Z
B M W F A O S T C Z C E E U
O K O M Á L L U H E A P D H
U F X M E O G Y J H Á X V A
H U R R I K Á N Ó É F N E N
P Á R O L G Á S N J G U S Y
B S V A G N E D V E S S É G
Y C S A T O R N A K N N M M
B U C V G E J Z Í R E S Ő O
P Á R A T A R T A L O M Á N
E Z S L J Y L C U E F O R S
H L U T I W K G X J A T V Z
R V O Z M N J A V R G A Í U
G Ő Z Ö N T Ö Z É S Y L Z N
```

ZUHANY	ÁRVÍZ
GEJZÍR	ESŐ
HULLÁMOK	FOLYÓ
JÉG	HÓ
ÖNTÖZÉS	GŐZ
CSATORNA	PÁROLGÁS
TÓ	NEDVESSÉG
MONSZUN	NEDVES
ÓCEÁN	PÁRATARTALOM
HURRIKÁN	FAGY

87 - Koffie

```
J  E  T  I  H  L  W  K  D  K  P  Z  A  B
W  D  R  E  T  Z  U  D  G  O  Ö  S  N  Z
K  G  Á  E  F  A  T  J  A  F  R  O  F  O
T  O  Y  L  D  O  L  Y  B  F  K  W  O  N
B  B  C  Á  J  E  L  L  X  E  Ö  Í  Z  C
S  Z  Ű  R  Ő  W  T  Y  Z  I  L  Z  K  S
W  Í  J  A  F  W  V  S  A  N  T  O  E  É
D  V  N  D  H  W  V  A  P  D  M  O  S  S
R  E  G  G  E  L  N  V  B  D  É  U  E  Z
O  W  A  R  O  M  A  A  I  C  R  K  R  E
K  F  E  K  E  T  E  S  G  L  K  F  Ű  Y
U  H  Y  O  M  V  L  M  H  Z  H  M  T  W
C  O  U  T  I  T  Y  T  H  D  V  H  O  X
O  X  K  I  S  G  F  L  P  U  W  R  V  W
```

AROMA	EREDET
CSÉSZE	ÁR
KESERŰ	KRÉM
KOFFEIN	ÍZ
ITAL	CUKOR
SZŰRŐ	FAJTA
PÖRKÖLT	FOLYADÉK
DARÁL	VÍZ
TEJ	SAVAS
REGGEL	FEKETE

88 - Schaken

```
S  W  D  V  B  H  P  Y  J  E  O  V  T  G
O  S  X  B  T  A  A  C  U  D  V  G  A  Z
M  K  M  G  I  W  S  X  H  T  A  H  N  X
S  Ő  O  Y  K  N  S  Y  B  D  I  X  U  E
P  N  C  S  L  Y  Z  G  E  P  G  O  L  T
E  Y  J  M  U  L  Í  F  E  H  É  R  N  Á
Y  L  Á  R  I  K  V  X  T  I  T  R  I  L
J  Á  T  P  O  A  I  D  Ő  O  A  Y  Y  D
Á  R  É  O  O  I  O  A  M  W  R  O  L  O
T  I  K  B  G  N  O  V  F  E  T  N  X  Z
É  K  O  X  L  K  T  T  M  H  S  Y  A  A
K  H  S  X  G  E  H  O  G  J  J  R  M  T
K  O  S  Á  V  Í  H  I  K  O  N  J  A  B
V  E  R  S  E  N  Y  Á  T  L  Ó  S  C  J
```

ÁTLÓS	JÁTÉK
BAJNOK	JÁTÉKOS
KIRÁLY	STRATÉGIA
KIRÁLYNŐ	IDŐ
TANULNI	TORNA
ÁLDOZAT	KIHÍVÁSOK
PASSZÍV	VERSENY
PONTOK	FEHÉR
OKOS	

89 - Boerderij #1

```
V  Z  C  R  Á  M  A  Z  S  S  Z  I  R  H
S  J  S  O  C  C  E  V  K  Z  P  S  O  F
S  E  I  T  F  O  K  Z  Z  É  L  Ó  J  E
Ú  J  R  A  V  O  S  Í  Ő  N  M  C  R  J
J  D  K  Z  P  X  C  V  X  A  F  É  K  W
R  R  E  A  W  P  E  V  X  G  P  R  H  I
O  Z  L  D  O  D  K  O  G  A  M  J  N  C
B  M  E  Z  Ő  G  A  Z  D  A  S  Á  G  E
T  O  S  W  E  B  Y  E  D  W  X  Y  E  N
K  R  N  A  V  O  T  I  D  V  L  N  N  O
D  S  Á  M  C  M  U  K  E  R  Í  T  É  S
T  D  X  G  T  D  K  N  P  M  É  Z  H  F
K  F  T  P  Y  J  X  C  K  W  S  N  E  G
Y  T  Z  T  M  A  K  S  C  A  M  W  T  V
```

MÉH	TEHÉN
SZAMÁR	VARJÚ
KECSKE	NYÁJ
KERÍTÉS	MEZŐGAZDASÁG
KUTYA	TRÁGYA
MÉZ	LÓ
SZÉNA	RIZS
BORJÚ	MEZŐ
MACSKA	VÍZ
CSIRKE	MAGOK

90 - Huis

```
B O M F J M S X A H Y B M P
E Ű H H Z K A H Y N O K E I
Y R F W A I L J A U I K N N
P P M A B O Z S T R H Ö N C
A E W B L E M V D Ó O N Y E
Ó S P Ú V G Z B E W C Y E C
L Z C T Z U H A N Y D V Z R
L Á N O S Z Ő N Y E G T E K
A R M R K É M É N Y E Á T E
D A J P O D M X N Y R R I R
N G G W A B O Z S Ó L Á H Í
A K E R T D M T H K A W B T
K U K T U R L P L U G F C É
T E T Ő T Ü K Ö R U G Z D S
```

SEPRŰ	KONYHA
KÖNYVTÁR	LÁMPA
TETŐ	BÚTOR
AJTÓ	FAL
ZUHANY	MENNYEZET
GARÁZS	KÉMÉNY
KANDALLÓ	HÁLÓSZOBA
KERÍTÉS	TÜKÖR
SZOBA	SZŐNYEG
PINCE	KERT

91 - Geometrie

```
S O M A Z U H R Á P K X A H
N J D A V N T B R Y C G Ő V
E T I M G Ö Z S D F K Ö R Í
M Ö M E T A A P G B L Z É Z
G M E D E G S F C M O S M S
E E N I L G V S H S G M T Z
Z G Z Á Ü E Y W Á E I O Á I
S P I N L L G E J G K R J N
Z L Ó O E M G F N E A Á I T
H P P L F É K Y V L X H Y E
U M R G A L L Í V Ő E L E S
C U P D F E U L G R D T A G
G B A S X T R U W E X N K H
S Z Á M Í T Á S R M I F J L
```

SZÁMÍTÁS   LOGIKA
KÖR   MERŐLEGES
ÍV   TÖMEG
ÁTMÉRŐ   MEDIÁN
DIMENZIÓ   FELÜLET
HÁROMSZÖG   PÁRHUZAMOS
SZÖG   SZEGMENS
MAGASSÁG   ELMÉLET
VÍZSZINTES   EGYENLET

92 - Jazz

```
J  N  T  L  K  O  K  J  M  Ű  F  A  J  K
Ő  Z  R  E  Z  S  E  N  E  Z  N  R  P  E
Z  A  E  A  H  E  C  D  V  B  B  M  O  D
E  K  C  O  P  E  O  F  A  D  E  Y  H  V
N  I  N  S  U  M  T  I  R  L  N  G  J  E
E  N  O  P  G  Z  Z  S  É  V  Ű  M  Y  N
K  H  K  A  N  E  R  S  É  J  V  B  L  C
A  C  L  T  B  G  É  A  K  G  B  V  Z  E
R  E  L  G  V  Y  G  A  L  B  U  M  E  K
S  T  Í  L  U  S  I  Y  A  Y  R  S  N  H
I  M  P  R  O  V  I  Z  Á  C  I  Ó  E  Í
Ö  S  S  Z  E  T  É  T  E  L  B  I  H  R
H  A  N  G  S  Ú  L  Y  Ú  U  V  W  P  E
R  K  F  S  F  Z  F  K  O  J  A  V  E  S
```

ALBUM	ZENE
TAPS	HANGSÚLY
MŰVÉSZ	ÚJ
HÍRES	ZENEKAR
ZENESZERZŐ	RÉGI
KONCERT	RITMUS
KEDVENCEK	ÖSSZETÉTEL
MŰFAJ	STÍLUS
IMPROVIZÁCIÓ	TEHETSÉG
DAL	TECHNIKA

93 - Getallen

```
T L A Z M I C L O Y N U K U
I T K M I O N É G Y K M Y H
Z T I G X E E O M G H R X H
E S I Z Ö T L W B É D A L Ú
N T J Z E K I M A N S L T S
N P J D E N K Z N N T L Ö Z
Y E G Y V N H V U E S U N Í
O G R N Y T K A H Z J N E T
L K E T T Ő A E T I V A Z L
C T É H N E Z I T T N Z I G
P C K H Á R O M A T U I T N
T I Z E N H Á R O M Ő H É T
T I Z E N K I L E N C E S U
W Z F O D T L Y Z J X Z L Z
```

NYOLC
TIZENNYOLC
TIZENHÁROM
HÁROM
EGY
KILENC
TIZENKILENC
NULLA
TÍZ
TIZENKETTŐ

KETTŐ
HÚSZ
TIZENNÉGY
NÉGY
ÖT
TIZENÖT
HAT
TIZENHAT
HÉT
TIZENHÉT

94 - Boksen

```
K  O  T  N  O  P  Ö  G  Y  O  R  S  E  R
O  I  V  Y  A  K  K  N  N  C  S  O  L  Ú
R  H  M  G  L  L  Ö  A  A  S  T  C  L  G
A  J  J  E  Ő  C  L  R  G  T  D  R  E  Á
S  Á  A  I  R  W  S  A  O  K  A  A  N  S
É  T  Z  U  E  Ü  K  H  R  B  Ű  H  F  K
L  É  S  K  J  J  L  P  G  M  Y  K  É  Ö
Ü  K  U  T  Y  L  H  T  S  E  T  É  L  N
P  V  K  Ö  T  E  L  E  K  G  Z  S  I  Y
É  E  Ó  H  F  Z  L  Z  D  L  S  Z  U  Ö
L  Z  F  H  A  N  Á  U  R  O  E  S  V  K
E  E  W  O  W  L  J  K  N  A  K  É  A  X
F  T  S  É  R  Ü  L  É  S  E  K  G  B  F
O  Ő  P  Z  V  P  K  Y  W  P  I  Y  C  O
```

KÖNYÖK	JÁTÉKVEZETŐ
FÓKUSZ	RÚGÁS
KESZTYŰ	GYORS
FELÉPÜLÉS	ELLENFÉL
SAROK	KÖTELEK
ÁLL	KIMERÜLT
HARANG	KÉSZSÉG
ERŐ	HARCOS
TEST	SÉRÜLÉSEK
PONTOK	ÖKÖL

95 - Boerderij #2

```
G  K  O  C  T  X  K  X  P  P  A  S  B  B
R  Y  U  B  E  R  J  F  Á  A  M  Á  L  N
Á  K  Ü  K  J  K  W  M  S  J  D  W  V  Ö
S  L  K  M  O  Y  X  Z  Z  T  H  C  N  V
E  J  L  H  Ö  R  V  I  T  A  O  L  V  É
V  L  F  A  S  L  I  G  O  F  B  S  I  N
C  V  M  D  T  J  C  C  R  C  F  L  V  Y
F  R  R  Z  O  O  N  S  A  K  H  É  M  I
P  U  J  A  L  D  K  Ö  N  T  Ö  Z  É  S
D  Y  M  G  B  Á  R  Á  N  Y  G  J  K  A
K  A  C  S  A  T  U  L  X  J  D  U  I  G
T  R  A  K  T  O  R  B  Ú  Z  A  H  X  Z
G  Y  Ü  M  Ö  L  C  S  Ö  S  W  A  Y  R
R  B  X  W  C  S  Á  R  P  A  R  É  T  N
```

MÉHKAS	BÁRÁNY
GAZDA	LÁMA
GYÜMÖLCSÖS	KUKORICA
ÁLLATOK	TEJ
KACSA	JUH
GYÜMÖLCS	PAJTA
ÁRPA	BÚZA
NÖVÉNYI	TRAKTOR
PÁSZTOR	RÉT
ÖNTÖZÉS	

96 - Psychologie

```
T G E S K L I N I K A I I K
É O S Z P R O B L É M A N O
R N Z E I T S Ó Á L M O K T
T D M M V L É I K E T B W A
É O É É D J L C S Z R B H L
K L L L A C E Á K S O N K A
E A E Y T I L Z E M K T S T
L T T I F C Z N M W K V S Z
É O L S V I S E L K E D É S
S K E É Z O É Z E X M E T A
R F N G B F V S Z J R O G P
V A L Ó S Á G R R B E É N A
M E G I S M E R É S Y Y D T
E M L É K E K D P Z G S M B
```

ÉRTÉKELÉS
ESZMÉLETLEN
MEGISMERÉS
ÁLMOK
ÉN
ÉRZELMEK
TAPASZTALATOK
GONDOLATOK
VISELKEDÉS

SZENZÁCIÓ
EMLÉKEK
GYERMEKKOR
KLINIKAI
ÉSZLELÉS
SZEMÉLYISÉG
PROBLÉMA
VALÓSÁG

97 - Zakelijk

```
Ó  K  Ü  Z  L  E  T  D  P  K  J  A  R  B
T  Ö  E  Y  Z  U  W  H  É  Ö  Ö  L  K  E
A  N  J  D  F  V  G  H  N  L  V  K  Ö  R
T  Ő  Y  V  V  L  A  Y  Z  T  E  A  L  U
L  F  C  P  V  E  H  U  Ü  S  D  L  T  H
Á  K  R  Y  H  J  Z  V  G  É  E  M  S  Á
K  Ó  D  A  V  S  G  M  Y  G  L  A  É  Z
N  A  F  A  U  Á  C  X  É  G  E  Z  G  Á
U  E  R  M  Y  D  L  O  G  N  M  O  V  S
M  V  V  R  D  A  D  L  X  F  Y  T  E  L
P  É  N  Z  I  L  O  X  A  Y  B  T  T  A
I  R  O  D  A  E  A  T  U  L  A  V  É  H
H  D  U  G  O  M  R  Á  Y  G  A  S  S  S
Z  I  Ó  I  C  K  A  Z  N  A  R  T  W  C
```

FŐNÖK	IRODA
VÁLLALAT	KEDVEZMÉNY
KÖLTSÉGVETÉS	KÖLTSÉG
ADÓK	TRANZAKCIÓ
KARRIER	VALUTA
GYÁR	ELADÁS
PÉNZÜGY	MUNKÁLTATÓ
PÉNZ	ALKALMAZOTT
JÖVEDELEM	ÜZLET
BERUHÁZÁS	

98 - Voeding

```
É  V  Z  E  F  E  H  É  R  J  É  K  E  D
G  T  F  L  R  M  I  N  Ő  S  É  G  G  K
F  I  V  U  C  J  I  U  U  N  H  E  É  Y
A  X  Y  Á  N  C  E  E  O  I  T  H  S  F
K  N  G  N  G  V  K  S  J  X  O  E  Z  O
D  I  É  T  A  Y  E  S  Z  O  D  T  S  L
E  M  S  R  I  T  S  É  Í  T  L  Ő  É  Y
E  A  Z  R  R  K  E  T  B  K  É  E  G  A
T  T  S  R  Ó  A  R  Z  S  Ó  Z  S  E  D
H  I  É  T  L  U  Ű  S  P  M  I  V  S  É
S  V  G  A  A  I  O  É  Ú  W  E  D  O  K
K  L  E  C  K  I  V  M  L  L  B  K  P  O
S  F  N  V  L  D  N  E  N  K  Y  Z  K  K
S  Z  É  N  H  I  D  R  Á  T  O  K  W  S
```

KESERŰ	EGÉSZSÉG
KALÓRIA	SZÉNHIDRÁTOK
DIÉTA	MINŐSÉG
EHETŐ	SZÓSZ
ÉTVÁGY	ÍZ
FEHÉRJÉK	EMÉSZTÉS
ERJESZTÉS	TOXIN
SÚLY	VITAMIN
EGÉSZSÉGES	FOLYADÉKOK

99 - Chemie

```
J X M H F P K Z I N I H N H
E F I Y N T N K G Z C Ő H I
B K M L E X M M U I W M X D
V W V Z W W G Á Z O W É F R
K T N R D Ó I C K A E R I O
K A T A L I Z Á T O R S O G
S L S S J F F É M E K É N É
Z U R Ú Z T O S A V K K O N
E K Y T L É F L K P L L X A
R E A Z O Y N E Y H Ó E I E
V L L Ú G O S F A A R T G O
E O E L E K T R O N D E É X
S M I Z N E S Ó G Y V É N A
N K C C O L V K Y G Y F K M
```

LÚGOS	MOLEKULA
KLÓR	SZERVES
ELEKTRON	REAKCIÓ
ENZIM	HŐMÉRSÉKLET
GÁZ	FOLYADÉK
SÚLY	HŐ
ION	HIDROGÉN
KATALIZÁTOR	SÓ
SZÉN	SAV
FÉMEK	OXIGÉN

1 - Metingen

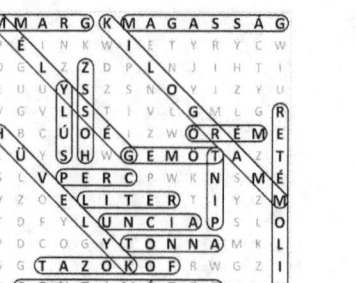

2 - Keuken

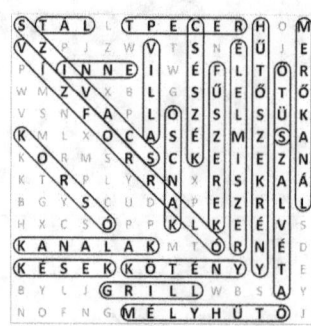

3 - Boten

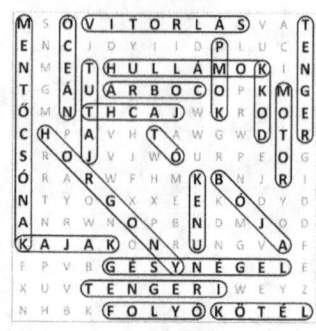

4 - Chocolade

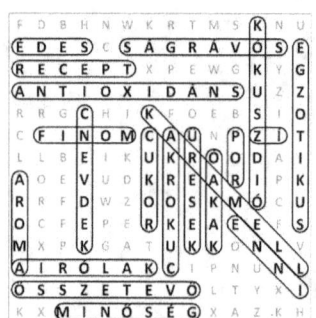

5 - Gezondheid en Welzijn #2

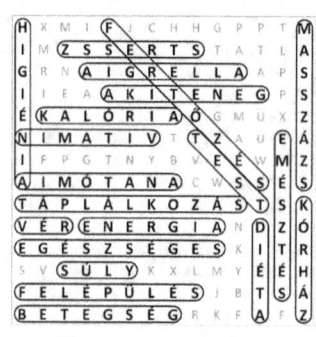

6 - Tijd

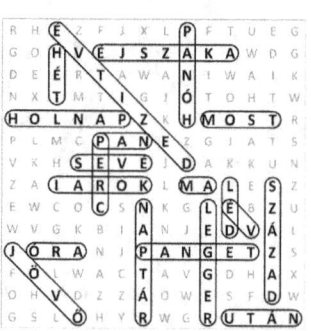

7 - Meditatie

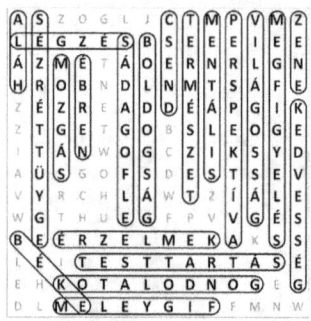

8 - Muziek

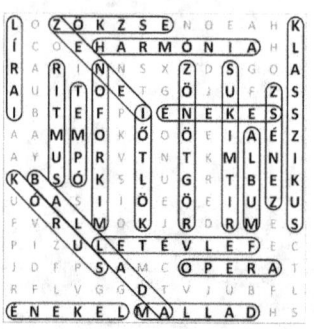

9 - Vogels

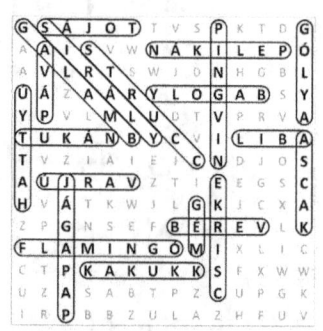

10 - Universum

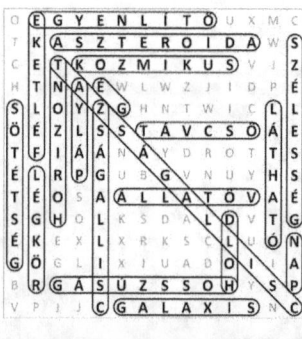

11 - Wiskunde

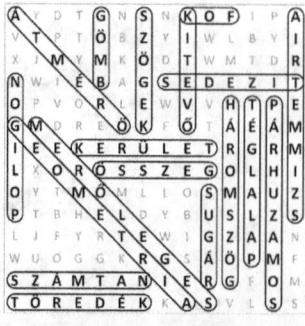

12 - Gezondheid en Welzijn #1

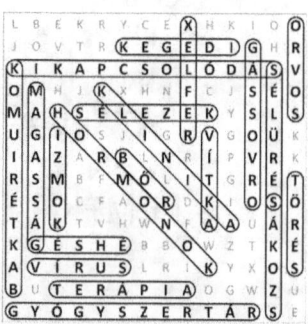

13 - Camping

14 - Algebra

15 - Activiteiten

16 - Diplomatie

17 - Astronomie

18 - Vakantie #2

19 - Weersomstandigh

20 - Strand

21 - Eten #2

22 - Klimmen

23 - Restaurant #1

24 - Geologie

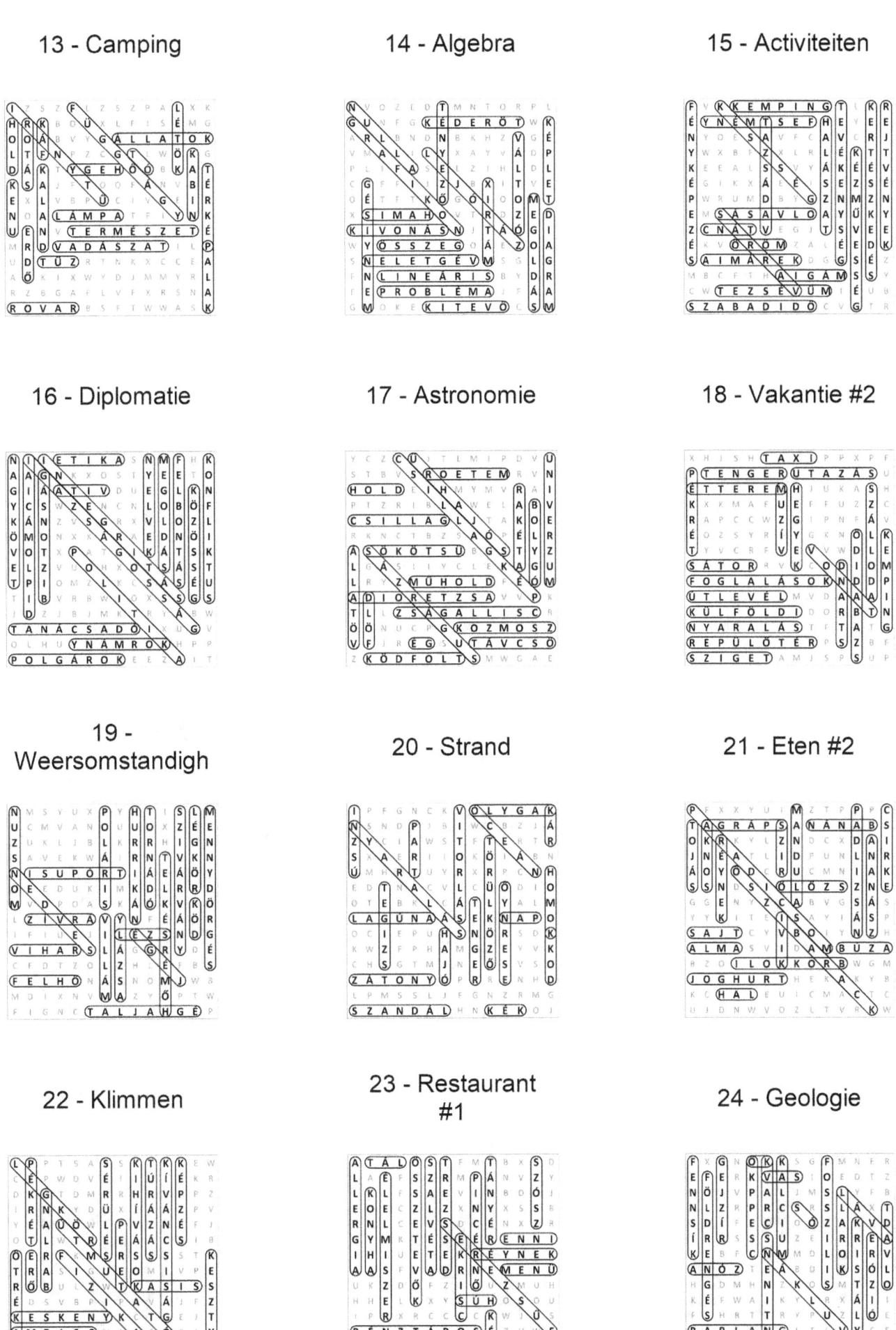

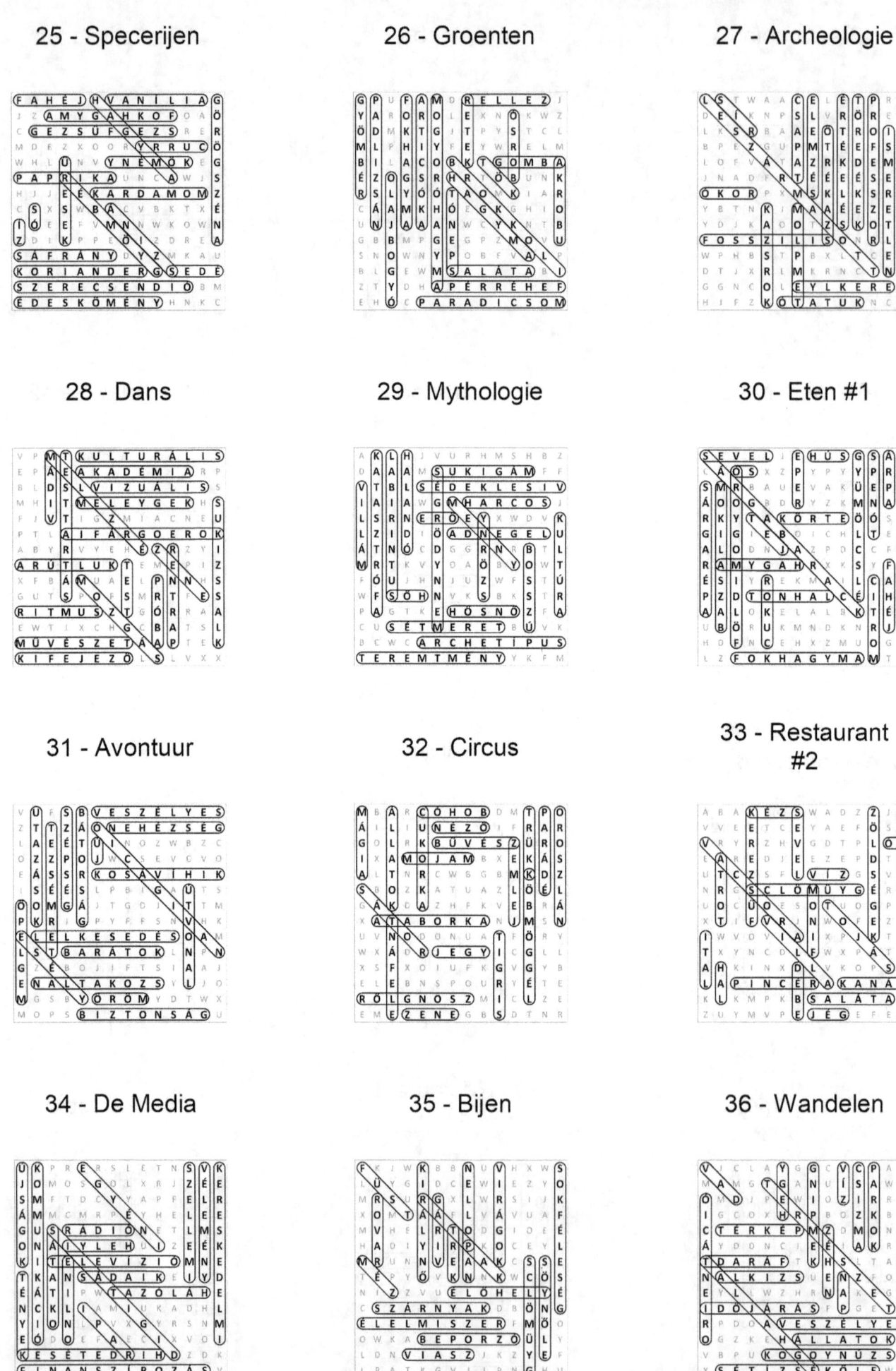

25 - Specerijen

26 - Groenten

27 - Archeologie

28 - Dans

29 - Mythologie

30 - Eten #1

31 - Avontuur

32 - Circus

33 - Restaurant #2

34 - De Media

35 - Bijen

36 - Wandelen

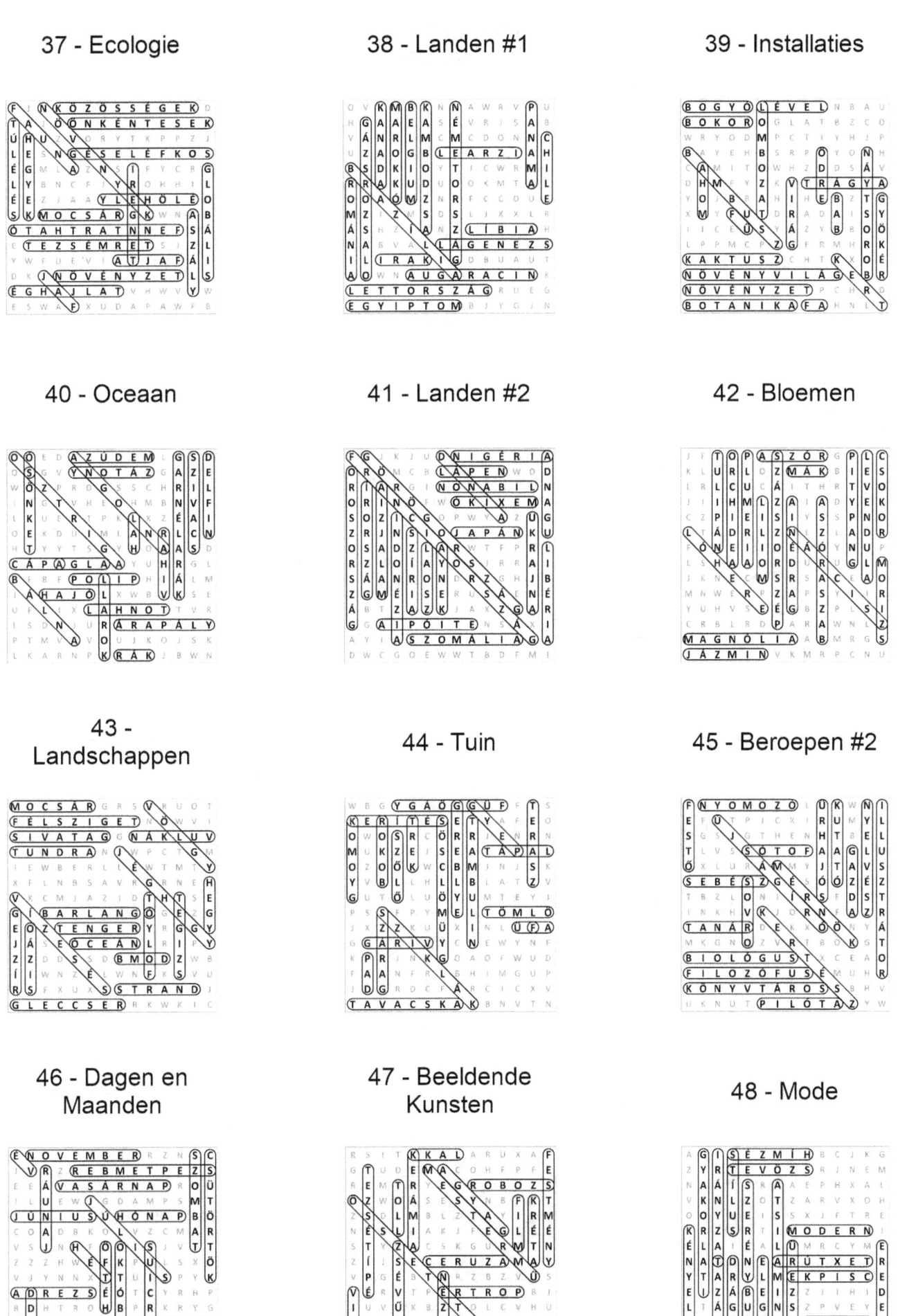

49 - Tuinieren

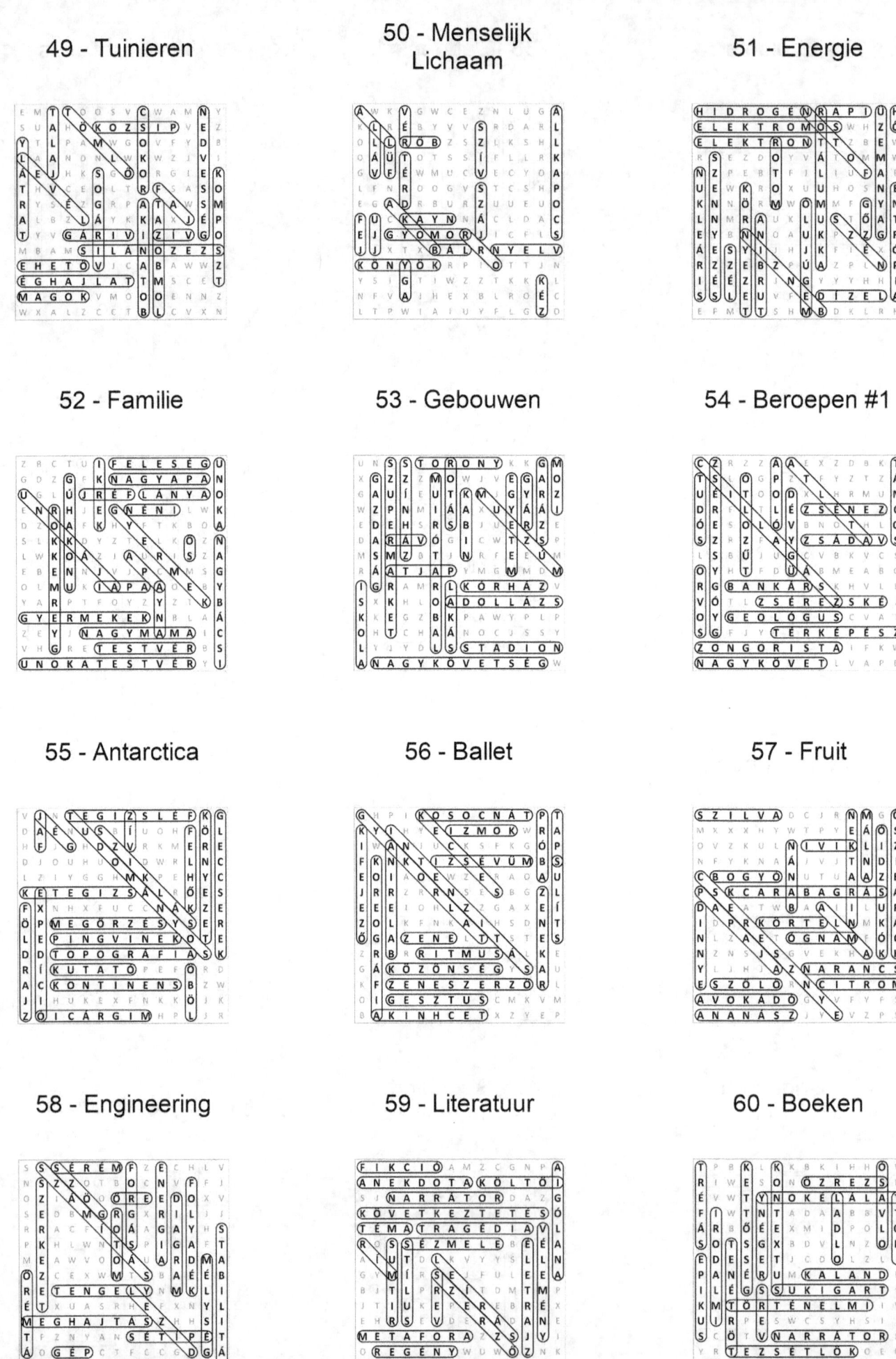

50 - Menselijk Lichaam

51 - Energie

52 - Familie

53 - Gebouwen

54 - Beroepen #1

55 - Antarctica

56 - Ballet

57 - Fruit

58 - Engineering

59 - Literatuur

60 - Boeken

61 - Meer Informatie

62 - Haartypes

63 - Stad

64 - Creativiteit

65 - Natuur

66 - Zoogdieren

67 - Overheid

68 - Voertuigen

69 - Geografie

70 - Kunstbenodigdhe

71 - Barbecues

72 - Schoonheid

73 - Wetenschappelijk

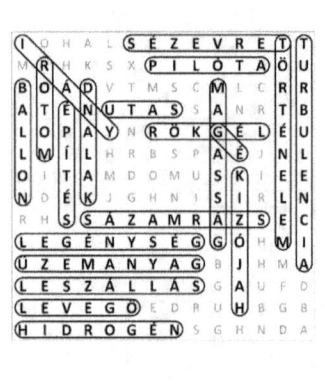

74 - Bijvoeglijke Naamwoorden

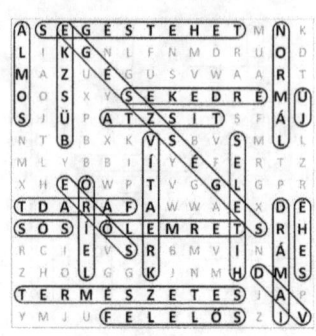

75 - Kleding

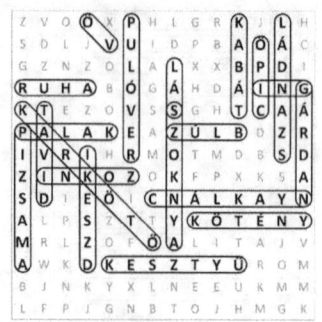

76 - Vliegtuigen

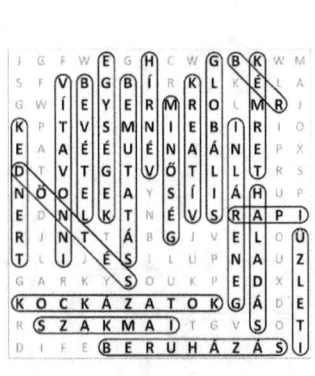

77 - Herbalisme

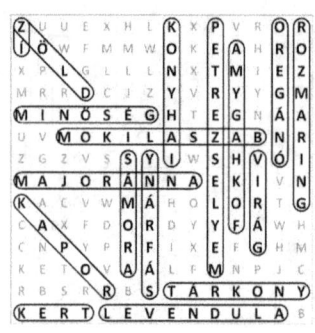

78 - Kracht en Zwaartekracht

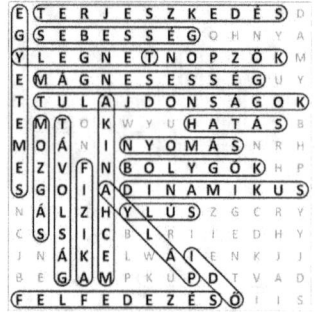

79 - Het Bedrijf

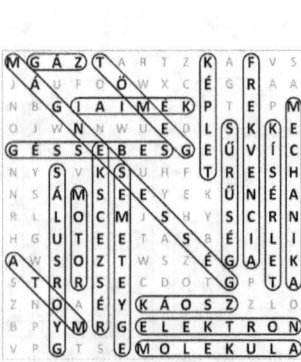

80 - Rijden

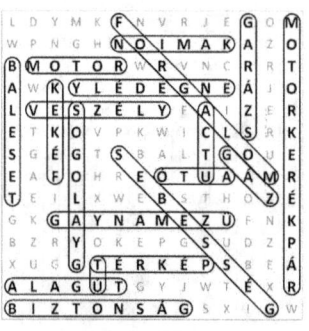

81 - Wetenschap

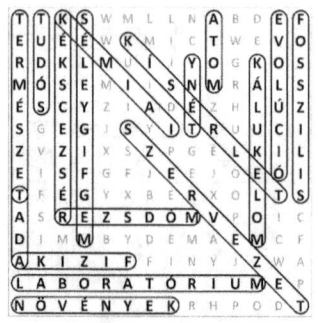

82 - Natuurkunde

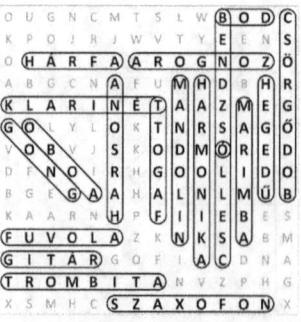

83 - Muziekinstrument

84 - Antiek

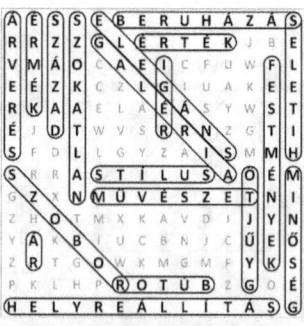

85 - Activiteiten en Vrije Ti

86 - Water

87 - Koffie

88 - Schaken

89 - Boerderij #1

90 - Huis

91 - Geometrie

92 - Jazz

93 - Getallen

94 - Boksen

95 - Boerderij #2

96 - Psychologie

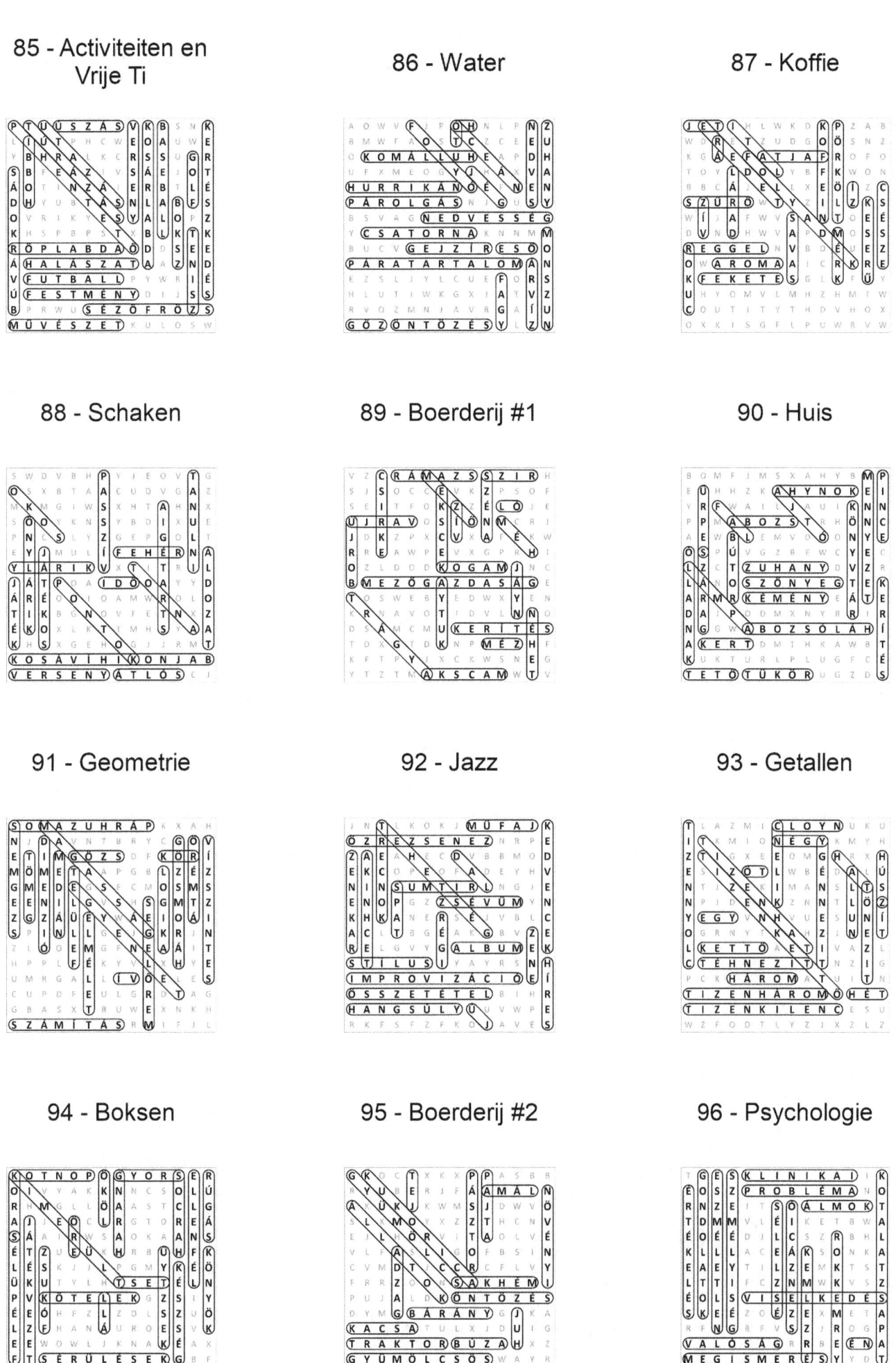

97 - Zakelijk

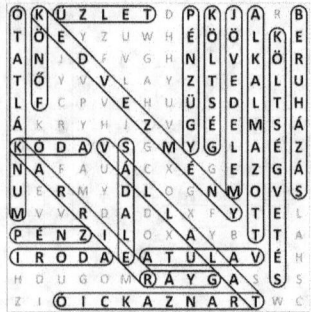

98 - Voeding

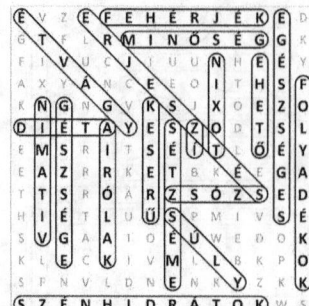

99 - Chemie

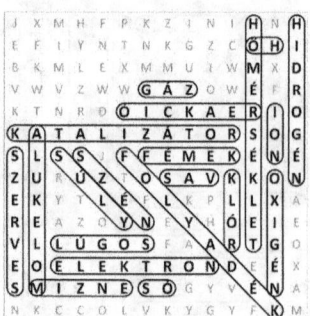

Woordenboek

Activiteiten
Tevékenységek

Activiteit	Tevékenység
Ambachten	Kézművesség
Dansen	Tánc
Fotografie	Fényképezés
Hengelsport	Halászat
Jacht	Vadászat
Kamperen	Kemping
Keramiek	Kerámia
Kunst	Művészet
Lezen	Olvasás
Magie	Mágia
Naaien	Varrás
Ontspanning	Kikapcsolódás
Plezier	Öröm
Puzzels	Rejtvények
Schilderij	Festmény
Tuinieren	Kertészkedés
Vaardigheid	Készség
Vrije Tijd	Szabadidő
Wandelen	Túrázás

Activiteiten en Vrije Ti
Tevékenységek és Szabadi

Basketbal	Kosárlabda
Boksen	Boksz
Duiken	Búvárkodás
Golf	Golf
Hengelsport	Halászat
Hobby	Hobbi
Honkbal	Baseball
Kamperen	Kemping
Kunst	Művészet
Ontspannen	Pihentető
Racen	Verseny
Reis	Utazás
Schilderij	Festmény
Surfen	Szörfözés
Tennis	Tenisz
Tuinieren	Kertészkedés
Voetbal	Futball
Volleybal	Röplabda
Wandelen	Túrázás
Zwemmen	Úszás

Algebra
Algebra

Aftrekken	Kivonás
Diagram	Diagram
Exponent	Kitevő
Factor	Tényező
Formule	Képlet
Fractie	Töredék
Grafiek	Grafikon
Haakje	Zárójel
Hoeveelheid	Mennyiség
Lineair	Lineáris
Matrix	Mátrix
Nul	Nulla
Oneindig	Végtelen
Oplossing	Megoldás
Probleem	Probléma
Som	Összeg
Vals	Hamis
Variabele	Változó
Vereenvoudigen	Egyszerűsítés
Vergelijking	Egyenlet

Antarctica
Antarktisz

Baai	Öböl
Behoud	Megőrzés
Continent	Kontinens
Eilanden	Szigetek
Expeditie	Expedíció
Geografie	Földrajz
Gletsjers	Gleccserek
Ijs	Jég
Migratie	Migráció
Omgeving	Környezet
Onderzoeker	Kutató
Pinguïn	Pingvinek
Rotsachtig	Sziklás
Schiereiland	Félsziget
Soort	Faj
Temperatuur	Hőmérséklet
Topografie	Topográfia
Water	Víz
Wetenschappelijk	Tudományos
Wolken	Felhők

Antiek
Régiségek

Authentiek	Hiteles
Beeldhouwwerk	Szobor
Decoratief	Dekoratív
Eeuw	Század
Elegant	Elegáns
Galerij	Galéria
Investering	Beruházás
Kunst	Művészet
Kwaliteit	Minőség
Meubilair	Bútor
Munten	Érmék
Ongewoon	Szokatlan
Oud	Régi
Prijs	Ár
Restauratie	Helyreállítás
Schilderijen	Festmények
Stijl	Stílus
Veiling	Árverés
Verzamelaar	Gyűjtő
Waarde	Érték

Archeologie
Régészet

Analyse	Elemzés
Beschaving	Civilizáció
Botten	Csontok
Deskundige	Szakértő
Evaluatie	Értékelés
Fossiel	Fosszilis
Fragmenten	Töredékek
Graf	Sír
Mysterie	Rejtély
Nakomeling	Leszármazott
Objecten	Objektumok
Onbekend	Ismeretlen
Onderzoeker	Kutató
Oudheid	Ókor
Professor	Professzor
Relikwie	Ereklye
Team	Csapat
Tempel	Templom
Tijdperk	Korszak
Vergeten	Elfelejtett

Astronomie
Csillagászat

Aarde	Föld
Asteroïde	Aszteroida
Astronaut	Űrhajós
Astronoom	Csillagász
Dierenriem	Állatöv
Hemel	Ég
Komeet	Üstökös
Kosmos	Kozmosz
Maan	Hold
Meteoor	Meteor
Nevel	Ködfolt
Planeet	Bolygó
Raket	Rakéta
Satelliet	Műhold
Ster	Csillag
Sterrenbeeld	Csillagkép
Straling	Sugárzás
Telescoop	Távcső
Universum	Univerzum
Zwaartekracht	Gravitáció

Avontuur
Kaland

Activiteit	Tevékenység
Enthousiasme	Lelkesedés
Excursie	Kirándulás
Gevaarlijk	Veszélyes
Kans	Esély
Moed	Bátorság
Moeilijkheid	Nehézség
Natuur	Természet
Navigatie	Navigáció
Nieuw	Új
Ongewoon	Szokatlan
Reisplan	Útvonal
Reizen	Utazások
Schoonheid	Szépség
Uitdagingen	Kihívások
Veiligheid	Biztonság
Verrassend	Meglepő
Voorbereiding	Előkészítés
Vreugde	Öröm
Vrienden	Barátok

Ballet
Balett

Applaus	Taps
Artistiek	Művészi
Ballerina	Balerina
Choreografie	Koreográfia
Componist	Zeneszerző
Dansers	Táncosok
Expressief	Kifejező
Gebaar	Gesztus
Intensiteit	Intenzitás
Muziek	Zene
Orkest	Zenekar
Praktijk	Gyakorlat
Publiek	Közönség
Repetitie	Próba
Ritme	Ritmus
Sierlijk	Kecses
Spieren	Izmok
Stijl	Stílus
Techniek	Technika
Vaardigheid	Készség

Barbecues
Grillezés

Diner	Vacsora
Familie	Család
Fruit	Gyümölcs
Grill	Grill
Groente	Zöldségek
Heet	Forró
Honger	Éhség
Kip	Csirke
Lunch	Ebéd
Messen	Kések
Muziek	Zene
Peper	Bors
Salades	Saláták
Saus	Szósz
Tomaten	Paradicsom
Uien	Hagyma
Uitnodiging	Meghívás
Vorken	Villa
Zomer	Nyár
Zout	Só

Beeldende Kunsten
Vizuális Művészetek

Architectuur	Építészet
Artiest	Művész
Beeldhouwwerk	Szobor
Creativiteit	Kreativitás
Ezel	Festőállvány
Film	Film
Houtskool	Faszén
Keramiek	Kerámia
Klei	Agyag
Krijt	Kréta
Meesterwerk	Mestermű
Pen	Toll
Perspectief	Perspektíva
Portret	Portré
Potlood	Ceruza
Samenstelling	Összetétel
Schilderij	Festmény
Stencil	Stencil
Vernis	Lakk
Was	Viasz

Beroepen #1
Foglalkozások #1

Advocaat	Ügyvéd
Ambassadeur	Nagykövet
Apotheker	Gyógyszerész
Astronoom	Csillagász
Atleet	Atléta
Bankier	Bankár
Brandweerman	Tűzoltó
Cartograaf	Térképész
Danser	Táncos
Dierenarts	Állatorvos
Dokter	Orvos
Editor	Szerkesztő
Geoloog	Geológus
Jager	Vadász
Juwelier	Ékszerész
Muzikant	Zenész
Pianist	Zongorista
Psycholoog	Pszichológus
Verpleegster	Ápoló
Wetenschapper	Tudós

Beroepen #2
Foglalkozások #2

Arts	Orvos
Astronaut	Űrhajós
Bibliothecaris	Könyvtáros
Bioloog	Biológus
Boer	Gazda
Chirurg	Sebész
Detective	Nyomozó
Filosoof	Filozófus
Fotograaf	Fotós
Illustrator	Illusztrátor
Ingenieur	Mérnök
Journalist	Újságíró
Leraar	Tanár
Linguïst	Nyelvész
Onderzoeker	Kutató
Piloot	Pilóta
Schilder	Festő
Tandarts	Fogorvos
Tuinman	Kertész
Uitvinder	Feltaláló

Bijen
Méhek

Bestuiver	Beporzó
Bijenkorf	Kaptár
Bloemen	Virágok
Bloesem	Virág
Diversiteit	Sokféleség
Ecosysteem	Ökoszisztéma
Fruit	Gyümölcs
Habitat	Élőhely
Honing	Méz
Insect	Rovar
Koningin	Királynő
Rook	Füst
Stuifmeel	Pollen
Tuin	Kert
Vleugels	Szárnyak
Voedsel	Élelmiszer
Voordelig	Előnyös
Was	Viasz
Zon	Nap
Zwerm	Raj

Bijvoeglijke Naamwoorden
Melléknevek #1

Aantrekkelijk	Vonzó
Actief	Aktív
Ambitieus	Ambiciózus
Aromatisch	Aromás
Artistiek	Művészi
Belangrijk	Fontos
Diep	Mély
Donker	Sötét
Dun	Vékony
Eerlijk	Őszinte
Exotisch	Egzotikus
Identiek	Azonos
Jong	Fiatal
Lang	Hosszú
Langzaam	Lassú
Modern	Modern
Onschuldig	Ártatlan
Perfect	Tökéletes
Waardevol	Értékes
Zwaar	Nehéz

Bijvoeglijke Naamwoorden
Melléknevek #2

Authentiek	Hiteles
Begaafd	Tehetséges
Beschrijvend	Leíró
Creatief	Kreatív
Dramatisch	Drámai
Gezond	Egészséges
Hongerig	Éhes
Interessant	Érdekes
Moe	Fáradt
Natuurlijk	Természetes
Nieuw	Új
Normaal	Normál
Productief	Termelő
Slaperig	Álmos
Sterk	Erős
Trots	Büszke
Verantwoordelijk	Felelős
Wild	Vad
Zout	Sós
Zuiver	Tiszta

Bloemen
Virágok

Bloemblad	Szirom
Boeket	Csokor
Gardenia	Gardénia
Hibiscus	Hibiszkusz
Jasmijn	Jázmin
Klaver	Lóhere
Lavendel	Levendula
Lelie	Liliom
Madeliefje	Százszorszép
Magnolia	Magnólia
Narcis	Nárcisz
Orchidee	Orchidea
Paardebloem	Pitypang
Papaver	Mák
Passiebloem	Golgotavirág
Pioenroos	Bazsarózsa
Plumeria	Plumeria
Roos	Rózsa
Tulp	Tulipán
Zonnebloem	Napraforgó

Boeken
Könyvek

Auteur	Szerző
Avontuur	Kaland
Bladzijde	Oldal
Collectie	Gyűjtemény
Context	Kontextus
Dualiteit	Kettősség
Episch	Epikus
Gedicht	Vers
Geschreven	Írott
Historisch	Történelmi
Humoristisch	Tréfás
Inventief	Találékony
Lezer	Olvasó
Literair	Irodalmi
Poëzie	Költészet
Relevant	Ide Vonatkozó
Roman	Regény
Tragisch	Tragikus
Verhaal	Történet
Verteller	Narrátor

Boerderij #1
Gazdaság #1

Bij	Méh
Ezel	Szamár
Geit	Kecske
Hek	Kerítés
Hond	Kutya
Honing	Méz
Hooi	Széna
Kalf	Borjú
Kat	Macska
Kip	Csirke
Koe	Tehén
Kraai	Varjú
Kudde	Nyáj
Landbouw	Mezőgazdaság
Mest	Trágya
Paard	Ló
Rijst	Rizs
Veld	Mező
Water	Víz
Zaden	Magok

Boerderij #2
2. Gazdaság

Bijenkorf	Méhkas
Boer	Gazda
Boomgaard	Gyümölcsös
Dieren	Állatok
Eend	Kacsa
Fruit	Gyümölcs
Gerst	Árpa
Groente	Növényi
Herder	Pásztor
Irrigatie	Öntözés
Lam	Bárány
Lama	Láma
Maïs	Kukorica
Melk	Tej
Schaap	Juh
Schuur	Pajta
Tarwe	Búza
Tractor	Traktor
Weide	Rét
Windmolen	Szélmalom

Boksen
Boksz

Elleboog	Könyök
Focus	Fókusz
Handschoenen	Kesztyű
Herstel	Felépülés
Hoek	Sarok
Kin	Áll
Klok	Harang
Kracht	Erő
Lichaam	Test
Punten	Pontok
Scheidsrechter	Játékvezető
Schoppen	Rúgás
Snel	Gyors
Tegenstander	Ellenfél
Touwen	Kötelek
Uitgeput	Kimerült
Vaardigheid	Készség
Vechter	Harcos
Verwondingen	Sérülések
Vuist	Ököl

Boten
Csónakok

Anker	Horgony
Bemanning	Legénység
Boei	Bója
Dok	Dokk
Golven	Hullámok
Jacht	Jacht
Kajak	Kajak
Kano	Kenu
Mast	Árboc
Meer	Tó
Motor	Motor
Nautisch	Tengeri
Oceaan	Óceán
Reddingsboot	Mentőcsónak
Rivier	Folyó
Touw	Kötél
Veerboot	Komp
Vlot	Tutaj
Zee	Tenger
Zeilboot	Vitorlás

Camping
Kemping

Avontuur	Kaland
Berg	Hegy
Bomen	Fák
Bos	Erdő
Brand	Tűz
Cabine	Kabin
Dieren	Állatok
Hangmat	Függőágy
Hoed	Kalap
Insect	Rovar
Jacht	Vadászat
Kaart	Térkép
Kano	Kenu
Kompas	Iránytű
Lantaarn	Lámpa
Maan	Hold
Meer	Tó
Natuur	Természet
Tent	Sátor
Touw	Kötél

Chemie
Kémia

Alkalisch	Lúgos
Chloor	Klór
Elektron	Elektron
Enzym	Enzim
Gas	Gáz
Gewicht	Súly
Ion	Ion
Katalysator	Katalizátor
Koolstof	Szén
Metalen	Fémek
Molecuul	Molekula
Organisch	Szerves
Reactie	Reakció
Temperatuur	Hőmérséklet
Vloeistof	Folyadék
Warmte	Hő
Waterstof	Hidrogén
Zout	Só
Zuur	Sav
Zuurstof	Oxigén

Chocolade
Csokoládé

Antioxidant	Antioxidáns
Aroma	Aroma
Bitter	Keserű
Cacao	Kakaó
Calorieën	Kalória
Eten	Enni
Exotisch	Egzotikus
Favoriet	Kedvenc
Heerlijk	Finom
Ingrediënt	Összetevő
Karamel	Karamell
Kokosnoot	Kókuszdió
Kwaliteit	Minőség
Poeder	Por
Recept	Recept
Smaak	Íz
Snoep	Cukorka
Suiker	Cukor
Verlangen	Sóvárgás
Zoet	Édes

Circus
Cirkusz

Aap	Majom
Acrobaat	Akrobata
Ballonnen	Léggömbök
Clown	Bohóc
Dieren	Állatok
Goochelaar	Bűvész
Jongleur	Zsonglőr
Kaartje	Jegy
Kostuum	Jelmez
Leeuw	Oroszlán
Magie	Mágia
Muziek	Zene
Olifant	Elefánt
Parade	Parádé
Snoep	Cukorka
Tent	Sátor
Tijger	Tigris
Toeschouwer	Néző
Truc	Trükk
Vermaken	Szórakoztat

Creativiteit
Kreativitás

Artistiek	Művészi
Beeld	Kép
Dramatisch	Drámai
Echtheid	Hitelesség
Emoties	Érzelmek
Gevoel	Szenzáció
Gevoelens	Érzések
Helderheid	Világosság
Indruk	Benyomás
Inspiratie	Ihlet
Intensiteit	Intenzitás
Intuïtie	Intuíció
Inventief	Találékony
Spontaan	Spontán
Uitdrukking	Kifejezés
Vaardigheid	Készség
Verbeelding	Képzelet
Visioenen	Víziók
Vitaliteit	Életerő
Vloeibaarheid	Folyékonyság

Dagen en Maanden
Napok és Hónapok

Augustus	Augusztus
Dinsdag	Kedd
Donderdag	Csütörtök
Februari	Február
Jaar	Év
Januari	Január
Juli	Július
Juni	Június
Kalender	Naptár
Maand	Hónap
Maandag	Hétfő
Maart	Március
November	November
Oktober	Október
September	Szeptember
Vrijdag	Péntek
Week	Hét
Woensdag	Szerda
Zaterdag	Szombat
Zondag	Vasárnap

Dans
Tánc

Academie	Akadémia
Beweging	Mozgás
Blij	Vidám
Choreografie	Koreográfia
Cultureel	Kulturális
Cultuur	Kultúra
Emotie	Érzelem
Expressief	Kifejező
Genade	Kegyelem
Houding	Testtartás
Klassiek	Klasszikus
Kunst	Művészet
Lichaam	Test
Muziek	Zene
Partner	Partner
Repetitie	Próba
Ritme	Ritmus
Traditioneel	Hagyományos
Visueel	Vizuális

De Media
A Média

Advertenties	Hirdetések
Commercieel	Kereskedelmi
Communicatie	Kommunikáció
Digitaal	Digitális
Editie	Kiadás
Feiten	Tények
Financiering	Finanszírozás
Individueel	Egyéni
Industrie	Ipar
Intellectueel	Szellemi
Kranten	Újságok
Lokaal	Helyi
Mening	Vélemény
Netwerk	Hálózat
Onderwijs	Oktatás
Online	Online
Publiek	Nyilvános
Radio	Rádió
Televisie	Televízió
Tijdschriften	Magazinok

Diplomatie
Diplomácia

Adviseur	Tanácsadó
Ambassade	Nagykövetség
Ambassadeur	Nagykövet
Burgers	Polgárok
Conflict	Konfliktus
Diplomatiek	Diplomáciai
Discussie	Vita
Ethiek	Etika
Gemeenschap	Közösség
Gerechtigheid	Igazságosság
Humanitair	Humanitárius
Integriteit	Integritás
Oplossing	Megoldás
Politiek	Politika
Regering	Kormány
Resolutie	Felbontás
Samenwerking	Együttműködés
Talen	Nyelvek
Veiligheid	Biztonság
Verdrag	Szerződés

Ecologie
Ökológia

Bergen	Hegyek
Diversiteit	Sokféleség
Droogte	Aszály
Duurzaam	Fenntartható
Fauna	Fauna
Flora	Növényvilág
Gemeenschappen	Közösségek
Globaal	Globális
Habitat	Élőhely
Klimaat	Éghajlat
Marinier	Tengeri
Moeras	Mocsár
Natuur	Természet
Natuurlijk	Természetes
Overleving	Túlélés
Planten	Növények
Soort	Faj
Variëteit	Fajta
Vegetatie	Növényzet
Vrijwilligers	Önkéntesek

Energie
Energia

Accu	Akkumulátor
Benzine	Benzin
Brandstof	Üzemanyag
Diesel	Dízel
Elektrisch	Elektromos
Elektron	Elektron
Entropie	Entrópia
Foton	Foton
Hernieuwbaar	Megújuló
Industrie	Ipar
Koolstof	Szén
Motor	Motor
Nucleair	Nukleáris
Omgeving	Környezet
Stoom	Gőz
Turbine	Turbina
Vervuiling	Szennyezés
Warmte	Hő
Waterstof	Hidrogén
Wind	Szél

Engineering
Műszaki

As	Tengely
Berekening	Számítás
Beweging	Mozgás
Bouw	Építés
Diagram	Diagram
Diameter	Átmérő
Diepte	Mélység
Diesel	Dízel
Energie	Energia
Hoek	Szög
Kracht	Erő
Machine	Gép
Meting	Mérés
Motor	Motor
Rotatie	Forgás
Stabiliteit	Stabilitás
Structuur	Szerkezet
Vloeistof	Folyadék
Voortstuwing	Meghajtás
Wrijving	Súrlódás

Eten #1
Élelmiszer #1

Aardbei	Eper
Abrikoos	Sárgabarack
Basilicum	Bazsalikom
Citroen	Citrom
Gerst	Árpa
Kaneel	Fahéj
Knoflook	Fokhagyma
Melk	Tej
Peer	Körte
Pinda	Földimogyoró
Salade	Saláta
Sap	Gyümölcslé
Soep	Leves
Spinazie	Spenót
Suiker	Cukor
Tonijn	Tonhal
Ui	Hagyma
Vlees	Hús
Wortel	Sárgarépa
Zout	Só

Eten #2
Élelmiszer # 2

Amandel	Mandula
Ananas	Ananász
Appel	Alma
Asperge	Spárga
Aubergine	Padlizsán
Banaan	Banán
Broccoli	Brokkoli
Brood	Kenyér
Druif	Szőlő
Ei	Tojás
Ham	Sonka
Kaas	Sajt
Kip	Csirke
Kiwi	Kivi
Perzik	Őszibarack
Rijst	Rizs
Tarwe	Búza
Tomaat	Paradicsom
Vis	Hal
Yoghurt	Joghurt

Familie
Család

Broer	Testvér
Dochter	Lánya
Grootmoeder	Nagymama
Jeugd	Gyermekkor
Kind	Gyermek
Kinderen	Gyermekek
Kleinkind	Unoka
Kleinzoon	Unokája
Man	Férj
Moeder	Anya
Neef	Unokatestvér
Nicht	Unokahúg
Oom	Nagybácsi
Opa	Nagyapa
Tante	Néni
Tweeling	Ikrek
Vader	Apa
Vaderlijk	Apai
Voorouder	Ős
Vrouw	Feleség

Fruit
Gyümölcs

Abrikoos	Sárgabarack
Ananas	Ananász
Appel	Alma
Avocado	Avokádó
Banaan	Banán
Bes	Bogyó
Citroen	Citrom
Druif	Szőlő
Framboos	Málna
Kers	Cseresznye
Kiwi	Kivi
Kokosnoot	Kókuszdió
Mango	Mangó
Meloen	Dinnye
Nectarine	Nektarin
Oranje	Narancs
Papaja	Papaja
Peer	Körte
Perzik	Őszibarack
Pruim	Szilva

Gebouwen
Épületek

Ambassade	Nagykövetség
Appartement	Lakás
Bioscoop	Mozi
Boerderij	Gazdaság
Cabine	Kabin
Fabriek	Gyár
Garage	Garázs
Hotel	Szálloda
Kasteel	Vár
Laboratorium	Laboratórium
Museum	Múzeum
School	Iskola
Schuur	Pajta
Stadion	Stadion
Supermarkt	Szupermarket
Tent	Sátor
Theater	Színház
Toren	Torony
Universiteit	Egyetem
Ziekenhuis	Kórház

Geografie
Földrajz

Atlas	Atlasz
Berg	Hegy
Breedtegraad	Szélesség
Continent	Kontinens
Eiland	Sziget
Evenaar	Egyenlítő
Halfrond	Félteke
Hoogte	Magasság
Kaart	Térkép
Land	Ország
Meridiaan	Meridián
Noorden	Észak
Oceaan	Óceán
Regio	Vidék
Rivier	Folyó
Stad	Város
Wereld	Világ
Westen	Nyugat
Zee	Tenger
Zuiden	Dél

Geologie
Geológia

Aardbeving	Földrengés
Calcium	Kalcium
Continent	Kontinens
Erosie	Erózió
Fossiel	Fosszilis
Geiser	Gejzír
Gesmolten	Olvadt
Grot	Barlang
Koraal	Korall
Kristallen	Kristályok
Kwarts	Kvarc
Laag	Réteg
Lava	Láva
Plateau	Fennsík
Stalactiet	Cseppkő
Steen	Kő
Vulkaan	Vulkán
Zone	Zóna
Zout	Só
Zuur	Sav

Geometrie
Geometria

Berekening	Számítás
Cirkel	Kör
Curve	Ív
Diameter	Átmérő
Dimensie	Dimenzió
Driehoek	Háromszög
Hoek	Szög
Hoogte	Magasság
Horizontaal	Vízszintes
Logica	Logika
Loodrecht	Merőleges
Massa	Tömeg
Mediaan	Medián
Oppervlak	Felület
Parallel	Párhuzamos
Segment	Szegmens
Symmetrie	Szimmetria
Theorie	Elmélet
Vergelijking	Egyenlet
Verticaal	Függőleges

Getallen
Számok

Acht	Nyolc
Achttien	Tizennyolc
Dertien	Tizenhárom
Drie	Három
Een	Egy
Negen	Kilenc
Negentien	Tizenkilenc
Nul	Nulla
Tien	Tíz
Twaalf	Tizenkettő
Twee	Kettő
Twintig	Húsz
Veertien	Tizennégy
Vier	Négy
Vijf	Öt
Vijftien	Tizenöt
Zes	Hat
Zestien	Tizenhat
Zeven	Hét
Zeventien	Tizenhét

Gezondheid en Welzijn #1
Egészség és Wellness #1

Actief	Aktív
Apotheek	Gyógyszertár
Bacteriën	Baktériumok
Behandeling	Kezelés
Breuk	Törés
Dokter	Orvos
Gewoonte	Szokás
Honger	Éhség
Hoogte	Magasság
Hormonen	Hormonok
Huid	Bőr
Kliniek	Klinika
Letsel	Sérülés
Medicijn	Orvosság
Ontspanning	Kikapcsolódás
Reflex	Reflex
Spieren	Izmok
Therapie	Terápia
Virus	Vírus
Zenuwen	Idegek

Gezondheid en Welzijn #2
Egészség és Wellness #2

Allergie	Allergia
Anatomie	Anatómia
Bloed	Vér
Calorie	Kalória
Dieet	Diéta
Energie	Energia
Genetica	Genetika
Gewicht	Súly
Gezond	Egészséges
Herstel	Felépülés
Hygiëne	Higiénia
Infectie	Fertőzés
Lichaam	Test
Massage	Masszázs
Spijsvertering	Emésztés
Stress	Stressz
Vitamine	Vitamin
Voeding	Táplálkozás
Ziekenhuis	Kórház
Ziekte	Betegség

Groenten
Zöldségfélék

Artisjok	Articsóka
Aubergine	Padlizsán
Broccoli	Brokkoli
Erwt	Borsó
Gember	Gyömbér
Knoflook	Fokhagyma
Komkommer	Uborka
Olijf	Olajbogyó
Paddestoel	Gomba
Peterselie	Petrezselyem
Pompoen	Tök
Raap	Fehérrépa
Radijs	Retek
Salade	Saláta
Selderij	Zeller
Sjalot	Mogyoróhagyma
Spinazie	Spenót
Tomaat	Paradicsom
Ui	Hagyma
Wortel	Sárgarépa

Haartypes
Haj Típusok

Blond	Szőke
Bruin	Barna
Dik	Vastag
Droog	Száraz
Dun	Vékony
Gekleurd	Színes
Gevlochten	Fonott
Gezond	Egészséges
Golvend	Hullámos
Grijs	Szürke
Hoofdhuid	Fejbőr
Kaal	Kopasz
Kort	Rövid
Krullen	Fürtök
Krullend	Göndör
Lang	Hosszú
Wit	Fehér
Zacht	Puha
Zilver	Ezüst
Zwart	Fekete

Herbalisme
Herbalism

Aromatisch	Aromás
Basilicum	Bazsalikom
Bloem	Virág
Culinair	Konyhai
Dille	Kapor
Dragon	Tárkony
Groen	Zöld
Ingrediënt	Összetevő
Knoflook	Fokhagyma
Kwaliteit	Minőség
Lavendel	Levendula
Marjolein	Majoránna
Oregano	Oregánó
Peterselie	Petrezselyem
Rozemarijn	Rozmaring
Saffraan	Sáfrány
Smaak	Íz
Tijm	Kakukkfű
Tuin	Kert
Venkel	Édeskömény

Het Bedrijf
A Cég

Beslissing	Döntés
Creatief	Kreatív
Eenheden	Egységek
Genereren	Generálni
Globaal	Globális
Industrie	Ipar
Inkomsten	Bevétel
Innovatief	Innovatív
Investering	Beruházás
Kwaliteit	Minőség
Loon	Bér
Mogelijkheid	Lehetőség
Presentatie	Bemutatás
Product	Termék
Professioneel	Szakmai
Reputatie	Hírnév
Risico'S	Kockázatok
Trends	Trendek
Vooruitgang	Haladás
Zaak	Üzleti

Huis
Ház

Bezem	Seprű
Bibliotheek	Könyvtár
Dak	Tető
Deur	Ajtó
Douche	Zuhany
Garage	Garázs
Haard	Kandalló
Hek	Kerítés
Kamer	Szoba
Kelder	Pince
Keuken	Konyha
Lamp	Lámpa
Meubilair	Bútor
Muur	Fal
Plafond	Mennyezet
Schoorsteen	Kémény
Slaapkamer	Hálószoba
Spiegel	Tükör
Tapijt	Szőnyeg
Tuin	Kert

Installaties
Növények

Bamboe	Bambusz
Bes	Bogyó
Blad	Levél
Bloem	Virág
Boom	Fa
Boon	Bab
Bos	Erdő
Cactus	Kaktusz
Flora	Növényvilág
Gebladerte	Lombozat
Gras	Fű
Klimop	Borostyán
Kruid	Gyógynövény
Mest	Trágya
Mos	Moha
Plantkunde	Botanika
Struik	Bokor
Tuin	Kert
Vegetatie	Növényzet
Wortel	Gyökér

Jazz
Dzsessz

Album	Album
Applaus	Taps
Artiest	Művész
Beroemd	Híres
Componist	Zeneszerző
Concert	Koncert
Favorieten	Kedvencek
Genre	Műfaj
Improvisatie	Improvizáció
Lied	Dal
Muziek	Zene
Nadruk	Hangsúly
Nieuw	Új
Orkest	Zenekar
Oud	Régi
Ritme	Ritmus
Samenstelling	Összetétel
Stijl	Stílus
Talent	Tehetség
Techniek	Technika

Keuken
Konyha

Cup	Csészék
Eten	Enni
Grill	Grill
Ketel	Vízforraló
Koelkast	Hűtőszekrény
Kom	Tál
Kruik	Kancsó
Lepels	Kanalak
Messen	Kések
Oven	Sütő
Pollepel	Merőkanál
Pot	Korsó
Recept	Recept
Schort	Kötény
Servet	Szalvéta
Specerijen	Fűszerek
Spons	Szivacs
Voedsel	Élelmiszer
Vorken	Villa
Vriezer	Mélyhűtő

Kleding
Ruházat

Armband	Karkötő
Blouse	Blúz
Broek	Nadrág
Handschoenen	Kesztyű
Hoed	Kalap
Jas	Kabát
Jasje	Dzseki
Jurk	Ruha
Ketting	Nyaklánc
Mode	Divat
Pyjama	Pizsama
Riem	Öv
Rok	Szoknya
Sandalen	Szandál
Schoen	Cipő
Schort	Kötény
Shirt	Ing
Sjaal	Sál
Sokken	Zokni
Trui	Pulóver

Klimmen
Hegymászás

Atmosfeer	Légkör
Deskundige	Szakértő
Fysiek	Fizikai
Gidsen	Útmutatók
Grot	Barlang
Handschoenen	Kesztyű
Helm	Sisak
Hoogte	Magasság
Kaart	Térkép
Kracht	Erő
Laarzen	Csizma
Letsel	Sérülés
Nieuwsgierigheid	Kíváncsiság
Opleiding	Képzés
Smal	Keskeny
Stabiliteit	Stabilitás
Terrein	Terep
Uitdagingen	Kihívások
Wandelen	Túrázás

Koffie
Kávé

Aroma	Aroma
Beker	Csésze
Bitter	Keserű
Cafeïne	Koffein
Drank	Ital
Filter	Szűrő
Geroosterd	Pörkölt
Malen	Darál
Melk	Tej
Ochtend	Reggel
Oorsprong	Eredet
Prijs	Ár
Room	Krém
Smaak	Íz
Suiker	Cukor
Variëteit	Fajta
Vloeistof	Folyadék
Water	Víz
Zuur	Savas
Zwart	Fekete

Kracht en Zwaartekracht
Erő és Gravitáció

Afstand	Távolság
As	Tengely
Baan	Pálya
Beweging	Mozgás
Centrum	Központ
Druk	Nyomás
Dynamisch	Dinamikus
Eigendommen	Tulajdonságok
Gewicht	Súly
Impact	Hatás
Magnetisme	Mágnesesség
Mechanica	Mechanika
Natuurkunde	Fizika
Ontdekking	Felfedezés
Planeten	Bolygók
Snelheid	Sebesség
Tijd	Idő
Uitbreiding	Terjeszkedés
Universeel	Egyetemes
Wrijving	Súrlódás

Kunstbenodigdheden
Művészeti Kellékek

Acryl	Akril
Aquarellen	Akvarellek
Borstels	Ecsetek
Camera	Kamera
Creativiteit	Kreativitás
Ezel	Festőállvány
Gom	Radír
Houtskool	Faszén
Inkt	Tinta
Klei	Agyag
Kleuren	Színek
Lijm	Ragasztó
Olie	Olaj
Papier	Papír
Pastel	Pasztell
Potloden	Ceruzák
Stoel	Szék
Tafel	Asztal
Verf	Festékek
Water	Víz

Landen #1
Országok #1

België	Belgium
Brazilië	Brazília
Cambodja	Kambodzsa
Canada	Kanada
Chili	Chile
Duitsland	Németország
Egypte	Egyiptom
Irak	Irak
Israël	Izrael
Italië	Olaszország
Letland	Lettország
Libië	Líbia
Marokko	Marokkó
Nicaragua	Nicaragua
Noorwegen	Norvégia
Panama	Panama
Polen	Lengyelország
Roemenië	Románia
Senegal	Szenegál
Spanje	Spanyolország

Landen #2
Országok #2

Denemarken	Dánia
Ethiopië	Etiópia
Frankrijk	Franciaország
Griekenland	Görögország
Ierland	Írország
Indonesië	Indonézia
Japan	Japán
Kenia	Kenya
Laos	Laosz
Libanon	Libanon
Liberia	Libéria
Maleisië	Malajzia
Mexico	Mexikó
Nepal	Nepál
Nigeria	Nigéria
Oeganda	Uganda
Oekraïne	Ukrajna
Rusland	Oroszország
Somalië	Szomália
Syrië	Szíria

Landschappen
Tájképek

Berg	Hegy
Eiland	Sziget
Geiser	Gejzír
Gletsjer	Gleccser
Grot	Barlang
Heuvel	Domb
Ijsberg	Jéghegy
Meer	Tó
Moeras	Mocsár
Oase	Oázis
Oceaan	Óceán
Rivier	Folyó
Schiereiland	Félsziget
Strand	Strand
Toendra	Tundra
Vallei	Völgy
Vulkaan	Vulkán
Waterval	Vízesés
Woestijn	Sivatag
Zee	Tenger

Literatuur
Irodalom

Analogie	Analógia
Analyse	Elemzés
Anekdote	Anekdota
Auteur	Szerző
Biografie	Életrajz
Conclusie	Következtetés
Dialoog	Párbeszéd
Fictie	Fikció
Gedicht	Vers
Mening	Vélemény
Metafoor	Metafora
Omschrijving	Leírás
Poëtisch	Költői
Rijm	Rím
Ritme	Ritmus
Roman	Regény
Stijl	Stílus
Thema	Téma
Tragedie	Tragédia
Verteller	Narrátor

Meditatie
Elmélkedés

Aandacht	Figyelem
Aanvaarding	Elfogadás
Ademhaling	Légzés
Beweging	Mozgás
Dankbaarheid	Hála
Emoties	Érzelmek
Gedachten	Gondolatok
Geluk	Boldogság
Helderheid	Világosság
Houding	Testtartás
Mededogen	Együttérzés
Mentaal	Mentális
Muziek	Zene
Natuur	Természet
Observatie	Megfigyelés
Perspectief	Perspektíva
Stilte	Csend
Vrede	Béke
Vriendelijkheid	Kedvesség
Wakker	Ébren

Meer Informatie
Sci-Fi

Bioscoop	Mozi
Boeken	Könyvek
Brand	Tűz
Denkbeeldig	Képzeletbeli
Dystopie	Dystopia
Explosie	Robbanás
Extreem	Szélsőséges
Fantastisch	Fantasztikus
Futuristisch	Futurisztikus
Illusie	Illúzió
Mysterieus	Rejtélyes
Orakel	Jóslat
Planeet	Bolygó
Realistisch	Reális
Robots	Robotok
Scenario	Forgatókönyv
Sterrenstelsel	Galaxis
Technologie	Technológia
Utopie	Utópia
Wereld	Világ

Menselijk Lichaam
Emberi Test

Been	Láb
Bloed	Vér
Elleboog	Könyök
Enkel	Boka
Hand	Kéz
Hart	Szív
Hersenen	Agy
Hoofd	Fej
Huid	Bőr
Kaak	Állkapocs
Kin	Áll
Knie	Térd
Maag	Gyomor
Mond	Száj
Nek	Nyak
Neus	Orr
Oor	Fül
Schouder	Váll
Tong	Nyelv
Vinger	Ujj

Metingen
Mérések

Breedte	Szélesség
Byte	Bájt
Centimeter	Centiméter
Decimaal	Tizedes
Diepte	Mélység
Gewicht	Súly
Graad	Fokozat
Gram	Gramm
Hoogte	Magasság
Inch	Hüvelyk
Kilogram	Kilogramm
Kilometer	Kilométer
Lengte	Hossz
Liter	Liter
Massa	Tömeg
Meter	Mérő
Minuut	Perc
Ons	Uncia
Pint	Pint
Ton	Tonna

Mode
Divat

Bescheiden	Szerény
Betaalbaar	Megfizethető
Borduurwerk	Hímzés
Comfortabel	Kényelmes
Duur	Drága
Eenvoudig	Egyszerű
Elegant	Elegáns
Kant	Csipke
Kleding	Ruházat
Knop	Gombok
Minimalistisch	Minimalista
Modern	Modern
Origineel	Eredeti
Patroon	Minta
Praktisch	Gyakorlati
Stijl	Stílus
Stof	Szövet
Textuur	Textúra
Trend	Irányzat
Winkel	Butik

Muziek
Zene

Album	Album
Ballade	Ballada
Harmonie	Harmónia
Improviseren	Rögtönöz
Instrument	Eszköz
Klassiek	Klasszikus
Koor	Kórus
Lyrisch	Lírai
Melodie	Dallam
Microfoon	Mikrofon
Muzikaal	Zenei
Muzikant	Zenész
Opera	Opera
Opname	Felvétel
Poëtisch	Költői
Ritme	Ritmus
Ritmisch	Ritmikus
Tempo	Tempó
Zanger	Énekes
Zingen	Énekel

Muziekinstrumenten
Hangszerek

Banjo	Bendzsó
Cello	Cselló
Fagot	Fagott
Fluit	Fuvola
Gitaar	Gitár
Gong	Gong
Harp	Hárfa
Hobo	Oboa
Klarinet	Klarinét
Klokkenspel	Harangjáték
Mandoline	Mandolin
Marimba	Marimba
Mondharmonica	Harmonika
Piano	Zongora
Saxofoon	Szaxofon
Tamboerijn	Csörgődob
Trombone	Harsona
Trommel	Dob
Trompet	Trombita
Viool	Hegedű

Mythologie
Mitológia

Archetype	Archetípus
Bliksem	Villám
Creatie	Teremtés
Cultuur	Kultúra
Donder	Mennydörgés
Doolhof	Labirintus
Gedrag	Viselkedés
Held	Hős
Heldin	Hősnő
Hemel	Menny
Jaloezie	Féltékenység
Kracht	Erő
Krijger	Harcos
Legende	Legenda
Magisch	Mágikus
Monster	Szörny
Ramp	Katasztrófa
Sterfelijk	Halandó
Wezen	Teremtmény
Wraak	Bosszú

Natuur
Természet

Arctisch	Sarkvidéki
Bijen	Méhek
Bos	Erdő
Dieren	Állatok
Dynamisch	Dinamikus
Erosie	Erózió
Gebladerte	Lombozat
Gletsjer	Gleccser
Heiligdom	Szentély
Klippen	Sziklák
Mist	Köd
Rivier	Folyó
Schoonheid	Szépség
Schuilplaats	Menedék
Sereen	Derűs
Tropisch	Trópusi
Vitaal	Létfontosságú
Wild	Vad
Woestijn	Sivatag
Wolken	Felhők

Natuurkunde
Fizika

Atoom	Atom
Chaos	Káosz
Chemisch	Kémiai
Deeltje	Részecske
Dichtheid	Sűrűség
Elektron	Elektron
Experiment	Kísérlet
Formule	Képlet
Frequentie	Frekvencia
Gas	Gáz
Magnetisme	Mágnesesség
Massa	Tömeg
Mechanica	Mechanika
Molecuul	Molekula
Motor	Motor
Relativiteit	Relativitás
Snelheid	Sebesség
Universeel	Egyetemes
Versnelling	Gyorsulás
Zwaartekracht	Gravitáció

Oceaan
Óceán

Aal	Angolna
Algen	Alga
Boot	Hajó
Dolfijn	Delfin
Garnaal	Garnélarák
Getijden	Árapály
Haai	Cápa
Koraal	Korall
Krab	Rák
Kwal	Medúza
Octopus	Polip
Oester	Osztriga
Rif	Zátony
Schildpad	Teknős
Spons	Szivacs
Storm	Vihar
Tonijn	Tonhal
Vis	Hal
Walvis	Bálna
Zout	Só

Overheid
Kormányzat

Civiel	Polgári
Democratie	Demokrácia
Discussie	Vita
Gelijkheid	Egyenlőség
Gerechtelijk	Bírósági
Gerechtigheid	Igazságosság
Grondwet	Alkotmány
Leider	Vezető
Monument	Emlékmű
Natie	Nemzet
Nationaal	Nemzeti
Politiek	Politika
Rechten	Jogok
Rustig	Békés
Staat	Állam
Symbool	Szimbólum
Toespraak	Beszéd
Vrijheid	Szabadság
Wet	Törvény
Wijk	Kerület

Psychologie
Pszichológia

Beoordeling	Értékelés
Bewusteloos	Eszméletlen
Cognitie	Megismerés
Conflict	Konfliktus
Dromen	Álmok
Ego	Én
Emoties	Érzelmek
Ervaringen	Tapasztalatok
Gedachten	Gondolatok
Gedrag	Viselkedés
Gevoel	Szenzáció
Herinneringen	Emlékek
Invloed	Befolyások
Jeugd	Gyermekkor
Klinisch	Klinikai
Perceptie	Észlelés
Persoonlijkheid	Személyiség
Probleem	Probléma
Realiteit	Valóság
Therapie	Terápia

Restaurant #1
Étterem #1

Allergie	Allergia
Bord	Tányér
Brood	Kenyér
Eten	Enni
Ingrediënten	Összetevők
Kassier	Pénztáros
Keuken	Konyha
Kip	Csirke
Koffie	Kávé
Kom	Tál
Menu	Menü
Mes	Kés
Pittig	Fűszeres
Reservering	Foglalás
Saus	Szósz
Serveerster	Pincérnő
Servet	Szalvéta
Toetje	Desszert
Vlees	Hús
Voedsel	Élelmiszer

Restaurant #2
Étterem #2

Cake	Torta
Diner	Vacsora
Drank	Ital
Eieren	Tojás
Fruit	Gyümölcs
Groente	Zöldségek
Heerlijk	Finom
Ijs	Jég
Lepel	Kanál
Lunch	Ebéd
Noedels	Tészta
Ober	Pincér
Salade	Saláta
Soep	Leves
Specerijen	Fűszerek
Stoel	Szék
Vis	Hal
Vork	Villa
Water	Víz
Zout	Só

Rijden
Vezetés

Auto	Autó
Brandstof	Üzemanyag
Garage	Garázs
Gas	Gáz
Gevaar	Veszély
Kaart	Térkép
Licentie	Engedély
Motor	Motor
Motorfiets	Motorkerékpár
Ongeluk	Baleset
Politie	Rendőrség
Remmen	Fékek
Snelheid	Sebesség
Straat	Utca
Tunnel	Alagút
Veiligheid	Biztonság
Verkeer	Forgalom
Voetganger	Gyalogos
Vrachtauto	Kamion
Weg	Út

Schaken
Sakk

Diagonaal	Átlós
Kampioen	Bajnok
Koning	Király
Koningin	Királynő
Leren	Tanulni
Offer	Áldozat
Passief	Passzív
Punten	Pontok
Reglement	Szabályok
Slim	Okos
Spel	Játék
Speler	Játékos
Strategie	Stratégia
Tegenstander	Ellenfél
Tijd	Idő
Toernooi	Torna
Uitdagingen	Kihívások
Wedstrijd	Verseny
Wit	Fehér
Zwart	Fekete

Schoonheid
Szépség

Charme	Báj
Cosmetica	Kozmetika
Elegant	Elegáns
Elegantie	Elegancia
Fotogeniek	Fotogén
Genade	Kegyelem
Geur	Illat
Glad	Sima
Huid	Bőr
Kleur	Szín
Krullen	Fürtök
Lippenstift	Rúzs
Oliën	Olajok
Producten	Termékek
Schaar	Olló
Shampoo	Sampon
Spiegel	Tükör
Stilist	Stylist
Verzinnen	Smink

Specerijen
Fűszerek

Anijs	Ánizs
Bitter	Keserű
Fenegriek	Görögszéna
Gember	Gyömbér
Kaneel	Fahéj
Kardemom	Kardamom
Kerrie	Curry
Knoflook	Fokhagyma
Komijn	Kömény
Koriander	Koriander
Kruidnagel	Szegfűszeg
Nootmuskaat	Szerecsendió
Paprika	Paprika
Saffraan	Sáfrány
Smaak	Íz
Ui	Hagyma
Vanille	Vanília
Venkel	Édeskömény
Zoet	Édes
Zout	Só

Stad
Város

Apotheek	Gyógyszertár
Bakkerij	Pékség
Bank	Bank
Bibliotheek	Könyvtár
Bioscoop	Mozi
Bloemist	Virágárus
Boekhandel	Könyvesbolt
Dierentuin	Állatkert
Galerij	Galéria
Hotel	Szálloda
Kliniek	Klinika
Luchthaven	Repülőtér
Markt	Piac
Museum	Múzeum
School	Iskola
Stadion	Stadion
Supermarkt	Szupermarket
Theater	Színház
Universiteit	Egyetem
Winkel	Bolt

Strand
Strand

Blauw	Kék
Boot	Hajó
Dok	Dokk
Eiland	Sziget
Handdoek	Törülköző
Krab	Rák
Kust	Part
Lagune	Lagúna
Oceaan	Óceán
Paraplu	Esernyő
Rif	Zátony
Sandalen	Szandál
Schelpen	Kagyló
Vakantie	Nyaralás
Zand	Homok
Zee	Tenger
Zeilboot	Vitorlás
Zon	Nap
Zwemmen	Úszni

Tijd
Idő

Dag	Nap
Decennium	Évtized
Eeuw	Század
Gisteren	Tegnap
Jaar	Év
Jaarlijks	Éves
Kalender	Naptár
Maand	Hónap
Middag	Dél
Minuut	Perc
Morgen	Holnap
Na	Után
Nacht	Éjszaka
Nu	Most
Ochtend	Reggel
Toekomst	Jövő
Uur	Óra
Vandaag	Ma
Vroeg	Korai
Week	Hét

Tuin
Kert

Bank	Pad
Bloem	Virág
Boom	Fa
Boomgaard	Gyümölcsös
Garage	Garázs
Gazon	Gyep
Gras	Fű
Hangmat	Függőágy
Hark	Gereblye
Hek	Kerítés
Onkruid	Gyomok
Rotsen	Sziklák
Schop	Lapát
Slang	Tömlő
Struik	Bokor
Terras	Terasz
Trampoline	Trambulin
Tuin	Kert
Vijver	Tavacska
Wijnstok	Szőlő

Tuinieren
Kertészkedés

Blad	Levél
Bloemen	Virágos
Bloesem	Virág
Bodem	Talaj
Boeket	Csokor
Boomgaard	Gyümölcsös
Botanisch	Botanika
Compost	Komposzt
Container	Tartály
Eetbaar	Ehető
Exotisch	Egzotikus
Gebladerte	Lombozat
Klimaat	Éghajlat
Seizoensgebonden	Szezonális
Slang	Tömlő
Soort	Faj
Vocht	Nedvesség
Vuil	Piszok
Water	Víz
Zaden	Magok

Universum
Világegyetem

Asteroïde	Aszteroida
Astronomie	Csillagászat
Astronoom	Csillagász
Atmosfeer	Légkör
Baan	Pálya
Breedtegraad	Szélesség
Dierenriem	Állatöv
Duisternis	Sötétség
Evenaar	Egyenlítő
Halfrond	Félteke
Hemel	Ég
Horizon	Horizont
Kosmisch	Kozmikus
Lengtegraad	Hosszúság
Maan	Hold
Sterrenstelsel	Galaxis
Telescoop	Távcső
Zichtbaar	Látható
Zonne	Nap
Zonnewende	Napforduló

Vakantie #2
Nyaralás #2

Bergen	Hegyek
Buitenlander	Külföldi
Eiland	Sziget
Hotel	Szálloda
Kaart	Térkép
Kamperen	Kemping
Luchthaven	Repülőtér
Paspoort	Útlevél
Reis	Utazás
Reserveringen	Foglalások
Restaurant	Étterem
Strand	Strand
Taxi	Taxi
Tent	Sátor
Trein	Vonat
Vakantie	Nyaralás
Vervoer	Szállítás
Visum	Vízum
Vrije Tijd	Szabadidő
Zee	Tenger

Vliegtuigen
Repülőgépek

Afdaling	Származás
Atmosfeer	Légkör
Avontuur	Kaland
Ballon	Ballon
Bemanning	Legénység
Bouw	Építés
Brandstof	Üzemanyag
Geschiedenis	Történelem
Hemel	Ég
Hoogte	Magasság
Landen	Leszállás
Lucht	Levegő
Motor	Motor
Navigeren	Hajózik
Ontwerp	Tervezés
Passagier	Utas
Piloot	Pilóta
Richting	Irány
Turbulentie	Turbulencia
Waterstof	Hidrogén

Voeding
Teljesítmény

Bitter	Keserű
Calorieën	Kalória
Dieet	Diéta
Eetbaar	Ehető
Eetlust	Étvágy
Eiwitten	Fehérjék
Fermentatie	Erjesztés
Gewicht	Súly
Gezond	Egészséges
Gezondheid	Egészség
Koolhydraten	Szénhidrátok
Kwaliteit	Minőség
Saus	Szósz
Smaak	Íz
Specerijen	Fűszerek
Spijsvertering	Emésztés
Toxine	Toxin
Vitamine	Vitamin
Vloeistoffen	Folyadékok
Voedingsstof	Tápanyag

Voertuigen
Járművek

Ambulance	Mentőautó
Auto	Autó
Banden	Gumik
Bestelwagen	Furgon
Boot	Hajó
Bus	Busz
Caravan	Lakókocsi
Fiets	Kerékpár
Helikopter	Helikopter
Metro	Metró
Motor	Motor
Raket	Rakéta
Scooter	Robogó
Taxi	Taxi
Tractor	Traktor
Trein	Vonat
Veerboot	Komp
Vliegtuig	Repülőgép
Vlot	Tutaj
Vrachtauto	Kamion

Vogels
Madarak

Duif	Galamb
Eend	Kacsa
Ei	Tojás
Flamingo	Flamingó
Gans	Liba
Kip	Csirke
Koekoek	Kakukk
Kraai	Varjú
Meeuw	Sirály
Mus	Veréb
Ooievaar	Gólya
Papegaai	Papagáj
Pauw	Páva
Pelikaan	Pelikán
Pinguïn	Pingvin
Reiger	Gém
Struisvogel	Strucc
Toekan	Tukán
Uil	Bagoly
Zwaan	Hattyú

Wandelen
Túrázás

Berg	Hegy
Dieren	Állatok
Gevaren	Veszélyek
Kaart	Térkép
Kamperen	Kemping
Klif	Szikla
Klimaat	Éghajlat
Laarzen	Csizma
Moe	Fáradt
Muggen	Szúnyogok
Natuur	Természet
Oriëntatie	Orientáció
Parken	Parkok
Stenen	Kövek
Voorbereiding	Előkészítés
Water	Víz
Weer	Időjárás
Wild	Vad
Zon	Nap
Zwaar	Nehéz

Water
Víz

Douche	Zuhany
Geiser	Gejzír
Golven	Hullámok
Ijs	Jég
Irrigatie	Öntözés
Kanaal	Csatorna
Meer	Tó
Moesson	Monszun
Oceaan	Óceán
Orkaan	Hurrikán
Overstroming	Árvíz
Regen	Eső
Rivier	Folyó
Sneeuw	Hó
Stoom	Gőz
Verdamping	Párolgás
Vocht	Nedvesség
Vochtig	Nedves
Vochtigheid	Páratartalom
Vorst	Fagy

Weersomstandigheden
Időjárás

Atmosfeer	Légkör
Bliksem	Villám
Donder	Mennydörgés
Droogte	Aszály
Hemel	Ég
Ijs	Jég
Klimaat	Éghajlat
Mist	Köd
Moesson	Monszun
Orkaan	Hurrikán
Overstroming	Árvíz
Polair	Poláris
Regenboog	Szivárvány
Storm	Vihar
Temperatuur	Hőmérséklet
Tornado	Tornádó
Tropisch	Trópusi
Vochtig	Nedves
Wind	Szél
Wolk	Felhő

Wetenschap
Tudomány

Atoom	Atom
Chemisch	Kémiai
Deeltjes	Részecskék
Evolutie	Evolúció
Experiment	Kísérlet
Feit	Tény
Fossiel	Fosszilis
Gegevens	Adat
Hypothese	Hipotézis
Klimaat	Éghajlat
Laboratorium	Laboratórium
Methode	Módszer
Moleculen	Molekulák
Natuur	Természet
Natuurkunde	Fizika
Observatie	Megfigyelés
Organisme	Szervezet
Planten	Növények
Wetenschapper	Tudós
Zwaartekracht	Gravitáció

Wetenschappelijke Discip
Tudományos Tudományágak

Anatomie	Anatómia
Archeologie	Régészet
Astronomie	Csillagászat
Biochemie	Biokémia
Biologie	Biológia
Chemie	Kémia
Ecologie	Ökológia
Fysiologie	Fiziológia
Geologie	Geológia
Immunologie	Immunológia
Mechanica	Mechanika
Meteorologie	Meteorológia
Mineralogie	Ásványtan
Neurologie	Neurológia
Plantkunde	Botanika
Psychologie	Pszichológia
Robotica	Robotika
Sociologie	Szociológia
Thermodynamica	Termodinamika
Voeding	Táplálkozás

Wiskunde
Matematika

Bol	Gömb
Decimaal	Tizedes
Diameter	Átmérő
Driehoek	Háromszög
Exponent	Kitevő
Fractie	Töredék
Geometrie	Geometria
Graden	Fok
Hoeken	Szögek
Loodrecht	Merőleges
Omtrek	Kerület
Parallel	Párhuzamos
Rechthoek	Téglalap
Rekenkundig	Számtan
Som	Összeg
Straal	Sugár
Symmetrie	Szimmetria
Veelhoek	Poligon
Vergelijking	Egyenlet
Vierkant	Négyzet

Zakelijk
Üzleti

Baas	Főnök
Bedrijf	Vállalat
Begroting	Költségvetés
Belastingen	Adók
Carrière	Karrier
Fabriek	Gyár
Financiën	Pénzügy
Geld	Pénz
Inkomen	Jövedelem
Investering	Beruházás
Kantoor	Iroda
Korting	Kedvezmény
Kosten	Költség
Transactie	Tranzakció
Valuta	Valuta
Verkoop	Eladás
Werkgever	Munkáltató
Werknemer	Alkalmazott
Winkel	Üzlet
Winst	Nyereség

Zoogdieren
Emlősök

Aap	Majom
Bever	Hód
Coyote	Prérifarkas
Dolfijn	Delfin
Ezel	Szamár
Geit	Kecske
Giraf	Zsiráf
Gorilla	Gorilla
Hond	Kutya
Kameel	Teve
Kangoeroe	Kenguru
Kat	Macska
Konijn	Nyúl
Leeuw	Oroszlán
Olifant	Elefánt
Paard	Ló
Stier	Bika
Vos	Róka
Walvis	Bálna
Wolf	Farkas

Gefeliciteerd

Je hebt het gehaald!

We hopen dat u net zoveel plezier beleeft aan dit boek als wij aan het maken ervan. We doen ons best om spellen van hoge kwaliteit te maken.
Deze puzzels zijn op een slimme manier ontworpen zodat je actief kunt leren terwijl je plezier hebt!

Vond je ze mooi?

Een Eenvoudig Verzoek

Onze boeken bestaan dankzij de recensies die zij publiceren.
Kunt u ons helpen door nu een mening achter te laten ?

Hier is een korte link die u naar uw
bestellingen beoordelingspagina.

BestBooksActivity.com/Recensie50

FINAAL UITDAGING!

Uitdaging nr. 1

Klaar voor uw bonusspel? We gebruiken ze de hele tijd, maar ze zijn niet zo gemakkelijk te vinden. Hier zijn **Synoniemen!**

Noteer 5 woorden die je ontdekt hebt in elk van de onderstaande puzzels (nr. 21, nr. 36, nr. 76) en probeer voor elk woord 2 synoniemen te vinden.

Notitie 5 Woorden uit *Puzzle 21*

Woorden	Synoniem 1	Synoniem 2

Notitie 5 Woorden uit *Puzzle 36*

Woorden	Synoniem 1	Synoniem 2

Notitie 5 Woorden uit *Puzzle 76*

Woorden	Synoniem 1	Synoniem 2

Uitdaging nr. 2

Nu je opgewarmd bent, noteer 5 woorden die je ontdekt hebt in elke hieronder genoteerde puzzel (nr. 9, nr. 17, nr. 25) en probeer voor elk woord 2 antoniemen te vinden. Hoeveel regels kan je doen in 20 minuten?

Notitie 5 Woorden uit **Puzzle 9**

Woorden	Antoniem 1	Antoniem 2

Notitie 5 Woorden uit **Puzzle 17**

Woorden	Antoniem 1	Antoniem 2

Notitie 5 Woorden uit **Puzzle 25**

Woorden	Antoniem 1	Antoniem 2

Uitdaging nr. 3

Prachtig, deze finaal uitdaging is makkelijk voor jou!

Klaar voor de laatste? Kies je 10 favoriete woorden die je in een van de puzzels hebt ontdekt en noteer ze hieronder.

1.	6.
2.	7.
3.	8.
4.	9.
5.	10.

De uitdaging is nu om met deze woorden en binnen een maximum van zes zinnen een tekst te schrijven over een persoon, dier of plaats waar je van houdt!

Tip: U kunt de laatste blanco pagina van dit boek als kladblaadje gebruiken!

Je schrijven:

NOTITIEBOEKJE:

TOT SNEL!

Linguas Classics

GENIET VAN GRATIS SPELLEN

GO

↓

www.ingramcontent.com/pod-product-compliance
Lightning Source LLC
Chambersburg PA
CBHW081711120626
46550CB00010B/3097